Steinwede
Meinen Bogen setz ich in die Wolken

Dietrich Steinwede

Meinen Bogen setz ich in die Wolken

Schulgottesdienste für die Grundschule

unter Mitarbeit von
Utta Nagel, Christoph Nötzel und Susanne Tönsmann
und in Verbindung mit dem
Pädagogisch-Theologischen Institut
Bonn-Bad Godesberg

Patmos Verlag Düsseldorf
Verlag Ernst Kaufmann, Lahr

CIP-Titelaufnahme der Deutschen Bibliothek

Steinwede, Dietrich:
Meinen Bogen setz ich in die Wolken : Schulgottesdienste für d. Grundschule / Dietrich Steinwede. – 1. Aufl. – Düsseldorf : Patmos Verl. ; Lahr : Kaufmann, 1988
ISBN 3-491-72201-2 (Patmos)
ISBN 3-7806-2185-1 (Kaufmann)

1. Auflage 1988
Umschlaggestaltung: Peter J. Kahrl, Neustadt-Wied,
unter Verwendung einer Bildvorlage von Hanne Schulz
Gesamtherstellung: Bercker GmbH, Kevelaer
ISBN 3-491-72201-2 Patmos
ISBN 3-7806-2185-1 Kaufmann

Inhalt

Vorwort

Kirche und Schule begegnen sich in dem einmaligen Unternehmen „Schulgottesdienst“, das – Stiefkind der Religionspädagogik[1] – in seiner Bedeutung für Gemeindeaufbau, für Zusammenarbeit von Pfarrern und Lehrern, für Glaubensgewinn und Glaubensübung *aller* Kinder jeweiliger Jahrgänge kaum überschätzt werden kann.
Schulgottesdienste werden gleicherweise von der Gemeinde wie von der (öffentlichen Institution) Schule her verantwortet. Schulgottesdienste, so die Meinung aller Mitarbeiter an diesem Buch, werden von Pfarrerinnen (ev.)/Pfarrern, Religionslehrerinnen/Religionslehrern gemeinsam vorbereitet. Wechselweise (auch zu mehreren abwechselnd) wird dann die Funktion GL (= Gottesdienstleiterin/Gottesdienstleiter) wahrgenommen.[2] So geben Kirche und Schule vor den Kindern einander die Hand.
Keinem festgelegten liturgischen Schema sind die Beispiele dieses Buches verhaftet. Sie finden ihre „Liturgie“ bei Wahrung elementarer Formen wie Lied/Gebet/Segen je und je neu. Sie sind allerdings auf eine jeweilig verkündigende Mitte mit einem biblisch gegründeten zentralen Handlungs- oder Erzählgeschehen bezogen. Sie sind von einem jeweiligen Thema her (oft mit Symbolakzenten) in allen Elementen – Lied/Erzählung/Gebet/Segensformel – konsequent durchgearbeitet. Dies aber schließt eine freie Variation vor Ort nicht aus. Vielfältig mit Kindern probiert und erprobt (= überarbeitet und verbessert), sind es dennoch Gottesdienste zum weiteren Probieren, zum Verändern (Entfalten oder Verdichten) vor Ort. Ja, man sollte das Angebot in der je eigenen Situation umgestalten, sich u. U. nur durch eine Gestaltungsidee gefangennehmen lassen, um diese Idee dann nach eigenen Einfällen umzusetzen oder ganz neue Ideen zu entwickeln. Niemand ist festgelegt. Jeder ist zu Eigenem aufgerufen.

---

1 Das Stichwort „Schulgottesdienst“ taucht z. B. weder im „Handbuch der Religionspädagogik“, 3 Bände, Gütersloh 1973–1975, noch im „Handbuch religionspädagogischer Grundbegriffe“, 2 Bände, München 1986, auf.

2 In der Evangelischen Kirche im Rheinland sind z. B. vozierte Religionslehrerinnen/Religionslehrer kirchenoffiziell ermächtigt, Schulgottesdienste abzuhalten.

Zum Charakter

Lied und Musik sind in diesen Schulgottesdiensten konstitutiv. Wenn das *Tanzen* hinzukommt, kann alles an Leichtigkeit, an Aufgehobensein gewinnen: „Ihr werdet Freudensprünge machen wie Kälber, die man aus dem engen Stall auf die Weide läßt" (Maleachi 3,20). Ein „verlorener liturgischer Charme" (H. Lander) wird wiedergewonnen. Ritualisierungen haben viel für sich, dennoch wird hier für freie Liturgien plädiert. Musik und Bewegung regieren – auch von neugefundenen Melodien und Liedtexten her – die vorgelegten Beispiele. Ganz einfach verwendete musikalische Elemente (z. B. *Liedzeilen!*) spielen dabei eine große Rolle.
Symbole entfalten die ihnen eigene stille Kraft. Neben Symbolen als signalhaften Zeichen – die Rose, der Tisch, der Bogen Gottes, das Kreuz, der Stern, die Kerze, die Glocke, der Pfingststurm – finden sich Ursymbole: Erde, Wasser, Brot, Baum, Licht.

Durch Stern und Krippe,
Kreuz und Taube,
durch Fels und Wolke,
Brot und Wein
dringt unaufhörlich unser Glaube
nur tiefer in dein Wort hinein.

Jochen Klepper

Das *Erzählen* hat seinen wirklichkeitsvermittelnden, wirklichkeitsstiftenden Ort, wobei neben den nacherzählten bzw. interpretierend erzählten biblischen Texten auch Legenden und Märchen eine religiös daseinserschließende Funktion gewinnen. Ebenso gibt es immer wieder Anlässe zum *Gespräch* – und sei es nur ein jeweils kurzer Wortwechsel. Anders als Erwachsenengottesdienste leben die Gottesdienste mit Kindern auch von der unmittelbaren Kommunikation in Rede und Gegenrede, in Frage und Antwort.
Spielerische Akzente sind allemal selbstverständlich.

Hinweise zum Gebrauch

– Die Titelblätter sollte man als Einladungsblätter herauskopieren und vervielfältigen, am besten, nachdem man die Liedtexte des jeweiligen Gottesdienstes auf die Rückseite geschrieben hat (Einladungsblatt = Liedblatt).

– Lieder sollten je nach Schwierigkeitsgrad vorher (in allen beteiligten Klassen) oder auch während des Gottesdienstes (im Sog der Sache funktional) eingesungen werden; dabei sollten immer wieder Instrumente (Gitarre, Orgel, Flöten, Orff'sches Schulwerk) eine tragende Rolle spielen.
– In die mehrfach vorgeschlagenen meditativen Vollzüge ist viel Zeit, viel Ruhe (ruhiges Sprechen!) zu investieren. Pausen zwischen den einzelnen Sprechzeilen (Anweisungssätzen) sind für das Mitgehen der Kinder, für ihre Erfahrung, unabdingbar.
– Empfohlen wird, diese Gottesdienste in der Regel in kirchlichen Räumen zu feiern. Das schließt nicht aus, daß Schulgottesdienste auch in der Klasse (für *eine* Klasse, oder zwei/drei andere eingeladene Klassen) bzw. für viele/alle Klassen der Schule in einem zentralen Schulraum (Aula) stattfinden.
– Empfohlen wird, lieber gut vorbereitete Schulgottesdienste (6–7mal im Jahr!) zu feiern, als solche, die wöchentlich eher mechanisch ablaufend, auch aus Zeitgründen mit wenig Phantasie gestaltet, den Kindern wenig Freude bereiten.

Schulgottesdienst, Chance für die Erfahrung von Gemeinde

Im gemeinsamen Erzählen, Hören, Handeln, Beten und Bekennen kann sich bei den Kindern etwas begeben, das die Mühe von Lehrern und Pfarrern wirklich lohnt. Gottesdienste der Stille, in denen Meditatives gleichberechtigt neben Kreativem steht, Gottesdienste der Stille, die in die Mitte des Daseins führen, in die Tiefe (H. Halbfas), Gottesdienste zugleich voller Leben, wer will sie nicht! Ganzheitlich werden die Kinder in Anspruch genommen, in prägende Traditionen hineingenommen. Sie beginnen das Evangelium zu leben, in offener Form, locker und fröhlich. Freude am Feiern der Generationen (Eltern/Lehrer/Pfarrer hier, Kinder dort) stellt sich ein.
Man mag die vorgelegten Beispiele auch als Modelle für Kinder- und Familiengottesdienste nehmen; zu betonen ist jedoch noch einmal, daß sie einer intensiven Vorbereitung bedürfen, daß sie im jeweiligen Ablauf inszeniert werden wollen. Viel wird den Lehrerinnen/Lehrern damit zugetraut. Wer sie kennt, weiß, daß sie in der ihnen eigenen Kreativität vieles verbessern, vieles abwandeln werden. Viel wird auch den Grundschulkindern zugetraut. Wer sie kennt, weiß, daß sie es leisten können.
Nehmen wir die Chance wahr, unsere Kinder in das Angebot des

Glaubens hineinzuführen, die Chance, ihnen zu zeigen, wie Christen ihren Glauben feiernd leben.
Wie neues Atmen, wie frischer Wind war es zu Pfingsten in Jerusalem vor 2000 Jahren. Vom Geist Gottes erfaßt wurden viele. Sie kamen ganz neu in Bewegung.
So verstehen sich neben dem pfingstlichen Beispiel *alle* Beispiele dieses Buches: Neu in Bewegung bringen möchten sie. Abholen wollen sie die Kinder – in drängender Dynamik, in hoher Erlebnisqualität. Inspirieren wollen sie, erfüllen . . .

Ein Gebrauchsbuch mit erprobten Beispielen liegt vor. Man möge es gebrauchen. Schulgottesdienst kann Spaß machen. Mit Kindern zusammen Gottesdienste feiern, von innen her lebendig, kann es Schöneres geben?

Dietrich Steinwede

Alle Kinder der Klassen 2–4 sind
herzlich eingeladen zum Schulgottesdienst
Gottes Bogen in den Wolken

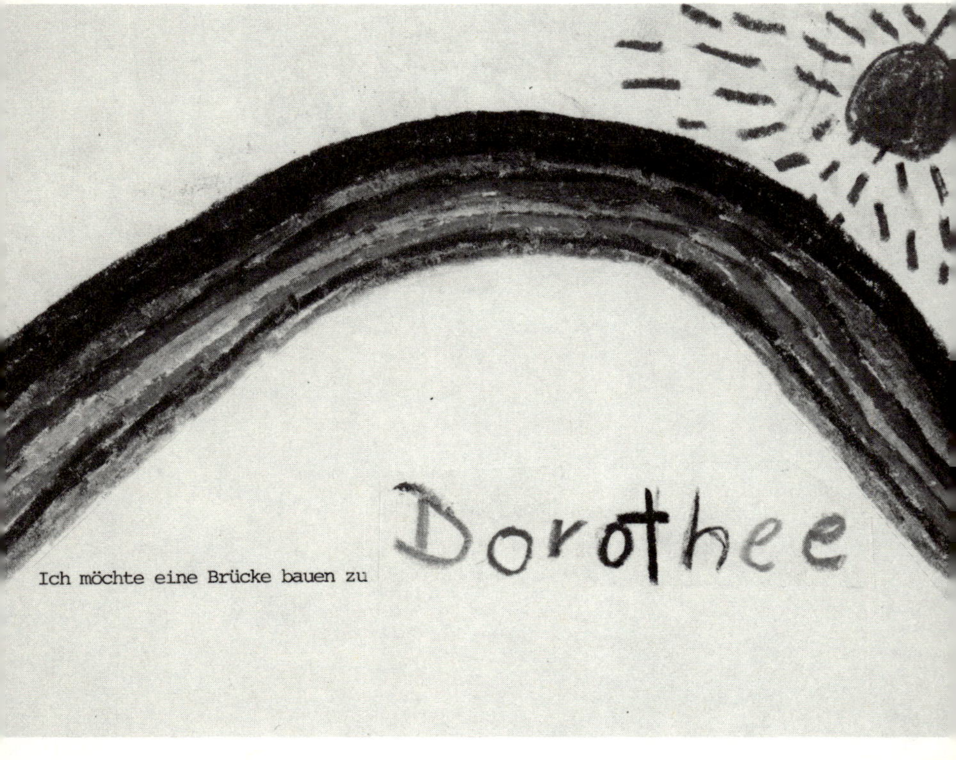

Thema: Der Regenbogen als Zeichen des universalen Friedensbundes Gottes mit den Menschen
Text: Genesis 8,13–9,17 (Noahbund); Jesus Sirach 43,11f
Leitlieder: Ein Regenbogen, komm und schau – Ein bunter Regenbogen – Schwingt am Himmel sich der Bogen – Brücken bauen
Leitmedium: Regenbogenposter
Meditative Mitte: Besinnung auf den Friedensbund Gottes mit den Menschen – eigene Friedensinitiative
Anlaß: vorwiegend im Sommerhalbjahr (Regenbogenerfahrung)
Vorbereitung: Ein Großposter „Regenbogen", mit Jaxonkreiden oder Fingerfarben von den Kindern der Vorbereitungsklasse erstellt, hängt im Altarraum. Die Kinder der Vorbereitungsklasse haben auch für alle anderen Kinder Blätter mit kleinen gemalten Regenbogen und der Aufschrift „Ich möchte eine Regenbogenbrücke bauen zu..." bereitgelegt, dazu genügend Schreibstifte und eine Rolle Tesakrepp. Die vier Leitlieder finden sich auf einem Liedblatt, das zu Beginn ausgegeben wird.

VERLAUF

Während die Kinder einziehen, hören sie (Improvisation von Orgel oder Instrumenten) die Melodie von „Ein Regenbogen, komm und schau". Ihr Blick fällt auf das Poster im Altarraum.

GL *begrüßt die Kinder. Dann:*

Wir feiern diesen Gottesdienst – es ist ein Regenbogen-Gottesdienst –, weil Gott gut ist zu uns.

> Ein Regenbogen, komm und schau,
> rot und orange, gelb, grün und blau.
> So herrliche Farben kann keiner bezahlen,
> sie über den halben Himmel zu malen.
> Ihn malte die Sonne mit goldener Hand
> auf eine wandernde Regenwand.

Eingangslied

Begleitung

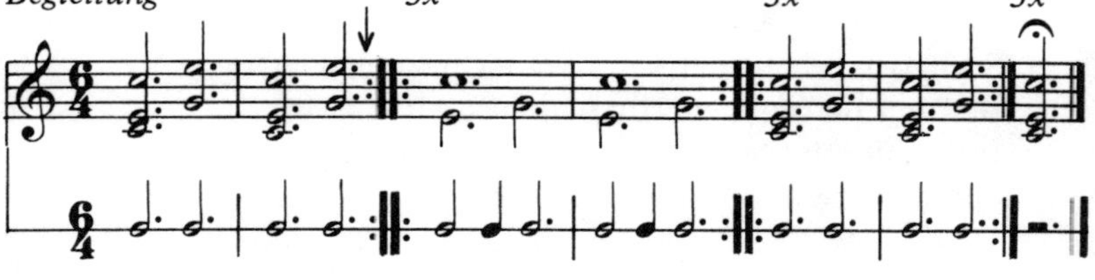

△ *immer erst bei Wiederholung 2 + 3*

Text: Josef Guggenmoos
Melodie: Heinrich Rohr

Meditative Mitte I

GL Ich lese eine Stelle aus der Bibel:
„Sieh den Regenbogen, wie prächtig er ist, und lobe den, der ihn gemacht hat. Am Himmel erscheint sein strahlender Halbkreis, von der Hand des Höchsten dort ausgespannt“ (Jesus Sirach 43,11f).

Liebe Kinder!
Dieser Bogen in den Wolken ist wirklich seltsam und prächtig. Er will uns Menschen ein Zeichen sein. Wir wollen darüber nachdenken.
Zuerst: Wie entsteht ein Regenbogen? *(kurzes Gespräch mit den Kindern)*

GL Nur wenn es regnet, entsteht ein Regenbogen. Und wenn gleichzeitig die Sonne scheint. Also: Der Regen ist wichtig. Und die Sonne ist wichtig.
Davon laßt uns ein kleines Lied singen:

Das Lied wird vorgesungen (vorgespielt), eingesungen:

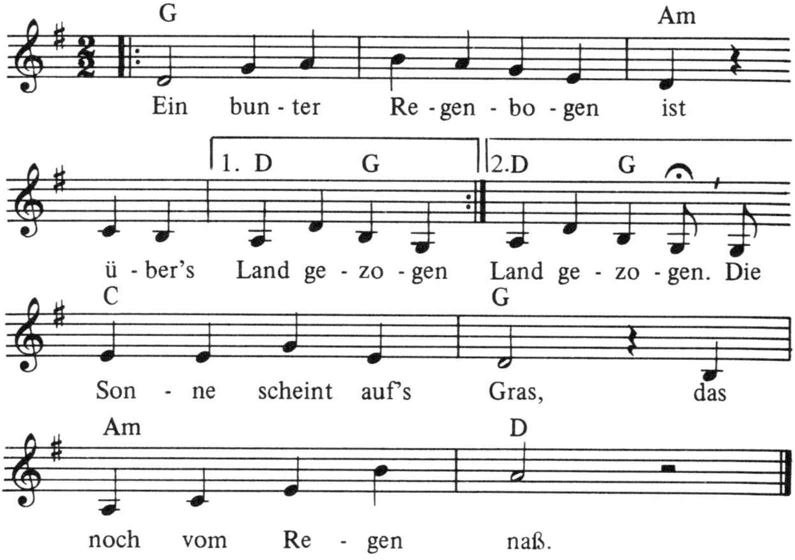

2. Und alle bleiben steh'n,
um ihn sich anzuseh'n.

3. Damit ihr es alle wißt,
daß Gott uns nicht vergißt.

Text: Rolf Krenzer
Musik: Ludger Edelkötter

GL Ein Zeichen will uns der Regenbogen sein, ein Zeichen, daß Gott uns nicht vergißt. Seit Noahs Zeiten kennen wir dieses Zeichen. – Wie war das mit Noah?! Viele von euch kennen die Geschichte.

Die Kinder können erzählen. Je nach Ergebnis:

GL Ja, Noah hat in der Arche mit seiner Familie und den Tieren die große Flut überlebt. Viele Monate lang treibt die Arche nun schon auf dem Wasser, das die Erde bedeckt. Sehnsüchtig warten Mensch und Tier darauf, wieder Land sehen zu können. Da denkt Gott an Noah und all die Tiere. Er läßt einen Wind über die Erde kommen. Der bläst und bläst. Da geht das Wasser zurück. Aus dem Dachfenster der Arche läßt Noah Vögel ausfliegen, zuerst einen Raben, dann die Taube. Als die Taube mit einem frischen Ölbaumzweig im Schnabel zurückkommt, weiß Noah: Das Wasser hat sich verlaufen. Die Erde ist trocken.
Und Gott sagt zu Noah: „Komm nun heraus aus der Arche, du, deine Söhne, eure Frauen, und alles, was mit euch da lebt. Laßt die Vögel des Himmels heraus und die Tiere des Feldes und alles Gewürm. Sie sollen sich über die Erde verbreiten und mehr werden, immer mehr."
Noah freut sich über Gottes Worte. Und als die Arche auf Land stößt, öffnet Noah die Türen, und Menschen und Tiere rennen ins Freie.
Noah selbst baut als erstes einen Altar für Gott, einen Tisch aus Steinen. Er dankt Gott. Er opfert und betet: „Sei uns gnädig, Gott."
Und Gott ist gnädig. Er spricht zu Noah: „Ich will die Erde jetzt nicht mehr verfluchen. Nie mehr soll eine Sintflut kommen, um die Menschen zu verderben. Auch wenn ihr Menschen böse seid, will ich gnädig mit euch sein.

Solange die Erde steht,
sollen nicht aufhören
Saat und Ernte,
Frost und Hitze,
Sommer und Winter,
Tag und Nacht."

Und Gott segnet Noah: „Du sollst gesegnet sein."
Und Gott spricht: „Ich schließe einen Bund mit euch Menschen.
Und diesen Bund will ich halten.
Ja, ich will mich mit dir verbünden, Noah,
mit dir und allen, die nach dir kommen.

Ihr sollt euch ausbreiten über die Erde.
Mehr werden sollt ihr, immer mehr,
ihr Menschen und auch die Tiere."
Und Gott spricht: „Ich gebe euch ein Zeichen..."
Da sieht Noah den Bogen, er leuchtet blau, grün, gelb und rot.
Er ist in die Wolken gestellt.
Er berührt die Erde und schwingt sich hoch und läuft hinauf und kommt herab.
Und wieder berührt er den Boden der Erde, ein mächtiger Halbkreis, farbig und schön.

Lied

2. Bunte Farben
in der Höhe.
Ich bin froh, wenn ich das sehe.

3. Regenbogen,
schönes Zeichen.
Gottes Bund will uns erreichen.

Text und Melodie: Dietrich Steinwede

GL „Ja", sagt Gott zu Noah:
„Dieser Bogen da, er ist das Zeichen des Bundes.
Ich habe mich mit euch verbündet. Ich verspreche euch:
Friede soll sein zwischen mir und den Menschen,
Friede auf ewige Zeiten.
Mein Bogen in den Wolken dort ist ein Zeichen des Friedens.
Von jetzt ab will ich gnädig mit euch sein.
Wenn ihr meinen Bogen seht,
dann wißt: Ich denke an euch!"

Lied (Strophen 4 und 5)

4. Gottes Bogen,
Wohlgefallen.
Sein Versprechen gilt uns allen.

5. Niemals wieder
Flut auf Erden.
Hört, jetzt soll es Friede werden.

Gebet

GL Dafür wollen wir Gott danken:
Gott, du hast uns dieses wundersame Zeichen gesetzt,
den riesigen Halbkreis, deinen Regenbogen,
in leuchtenden Farben, strahlend schön.
Wir stehen davor und staunen.
Gott, wir sehen in deinem Zeichen,
daß du den Frieden willst.
Auch wir wollen uns um den Frieden bemühen.
Amen.

Meditative Mitte II

GL Wie eine große Brücke ist dieser Bogen Gottes.
Die Sonne baut diese Brücke zusammen mit dem Regen.
Wir wissen, daß der Regenbogen eine Erscheinung der Natur ist.
Und doch können wir sagen: Er ist auch ein Zeichen Gottes.
Gott zeigt damit, daß er verzeihen will.
Gott baut damit eine Brücke zu uns Menschen.
Gott sieht ja, daß die Menschen weiterhin böse sind.
Dennoch will er uns immer wieder verzeihen.
Dennoch will er immer wieder seine Brücke bauen zu uns.
Auch ich habe Fehler.
Auch ich tue manchmal Böses.
Auch mir verzeiht Gott.
Auch zu mir baut er seine Brücke.
Darüber freue ich mich.
Und weil ich mich freue,
will auch ich versuchen, Gutes zu tun,
zu verzeihen, Brücken zu anderen zu bauen.
Ich möchte z. B. gern eine Brücke bauen zu

(GL nennt einen Namen)

weil

(GL nennt einen Grund, geht zu dem Kind, reicht ihm die Hand)

Ja Kinder, laßt uns versuchen, Brücken zu anderen zu bauen, Friedensbrücken. Ich habe hier viele Blätter Papier, genug für alle *(zeigt).* Auf jedem Blatt ist ein gemalter Regenbogen und der Satz „Ich möchte eine Brücke bauen zu...“.

Wiesbadener Knabenchor

Knabenchor der Evangelischen Kirche in Hessen und Nassau

Leitung: Klaus Ullrich

Veranstaltungen im Herbst 1994

Sonntag 04. 09. 94	Marktkirche Wiesbaden 10 Uhr	Singegottesdienst Chorsätze zum Neuen Gesangbuch
Sonnabend 10. 09. 94	Wohnheim für Behinderte 15 Uhr, Pfitznerstr. 20	Jubiläumschorkonzert Kanons, Volkslieder, Madrigale, Spirituals
Dienstag 20. 09. 94	Antoniusheim 15.45 Uhr, Altenzentrum	Chorkonzert + Offenes Singen siehe 10. 09.
Mittwoch 21. 09. 94	Ludwig-Eibach-Haus 15.15 Uhr, Pfitznerstr. 15	Chorkonzert + Offenes Singen siehe 10. 09.
Sonntag 25. 09. 94	Wittelsbach 16 Uhr, Ev. Kirche	Chorkonzert Werke von Schütz, Mendelssohn, Brahms, u. a.
Sonntag 25. 09. 94	Dillenburg 20 Uhr, Ev. Stadtkirche	Chorkonzert zum Stadtjubiläum Abschluß der Festwoche "650 Jahre Stadtrechte"
Sonntag 02. 10. 94	Marktkirche Wiesbaden 10 Uhr	Singegottesdienst Chorsätze zum Neuen Gesangbuch
Mittwoch 05. 10. 94	Marktkirche Wiesbaden 20 Uhr	Gast-Chorkonzert Kieler Knabenchor, Leitung Guntram Altnöder
Sonntag 16. 10. 94	Frankfurter Festhalle 14 Uhr	"Ich singe dir mit Herz und Mund" - Liederfest zum Neuen Evangelischen Gesangbuch
Sonntag 23. 10. 94	Marktkirche Wiesbaden 14 Uhr	Landeserntedankfest Werke für Chor und Bläser
Sonntag 30. 10. 94	Kalle-Albert-Werk 16 Uhr, Sozialgebäude	Chorkonzert zusammen mit dem Werkschor P. Zoll "Vater unser" f. Soli, Chor und Bläser
Sonntag 06. 11. 94	Marktkirche Wiesbaden 10 Uhr	Singegottesdienst Chorsätze zum Neuen Gesangbuch
Sonntag 13. 11. 94	Kath. Gemeindezentrum 10 Uhr, WI-Erbenheim	Festgottesdienst zur Kirchweih Motetten und Choräle

Wir nehmen jederzeit Jungen auf, die gern singen und im Chor eine allgemein musikalische Ausbildung erhalten wollen. Mindestalter ist 6 Jahre für den Vorchor, 8 Jahre für den Konzertchor (Eignungstest). Weiter Informati nen erhalten Sie in unserer Geschäftsstelle

Fritz-Kalle-Straße 38, D-65187 Wiesbaden, Telefon (06 11) 80 12 34, Fax 84 33 60

Hol dir ein Blatt, einen Stift und schreibe einen Namen auf. Denke dabei an jemanden, mit dem du vielleicht Streit hattest in letzter Zeit... Wenn du geschrieben hast, dann hefte dein Blatt in den großen Regenbogen hier vorne!

Die Kinder handeln entsprechend der Aufforderung.
GL bietet Tesakrepp zum Anheften an.

Danke! Ich freue mich, daß so viele von euch an dem Friedens-Regenbogen mitgebaut haben. Jetzt haben wir den ersten Schritt zum Verzeihen getan. Der zweite Schritt ist, daß jeder den an die Hand nimmt, zu dem er eine Brücke schlagen will. Kommt hier vorn zusammen, bildet einen großen Kreis. Die, die eine Brücke zueinander schlagen wollen, fassen einander an.

Die Kinder handeln entsprechend. Wenn alle sich im Kreis gefunden haben:

Lied

Ein bunter Regenbogen (Strophen 1–3)

Gebet

GL Danke, Gott.
Du hast eine Brücke zu uns gebaut.
Wir bauen Brücken zueinander.
Mit unseren kleinen Brücken
bauen wir auch mit an deiner großen Brücke.
Danke für dein Zeichen des Friedens,
für den Bogen, die Brücke.
Laß uns immer darauf schauen.
Amen.

Lied

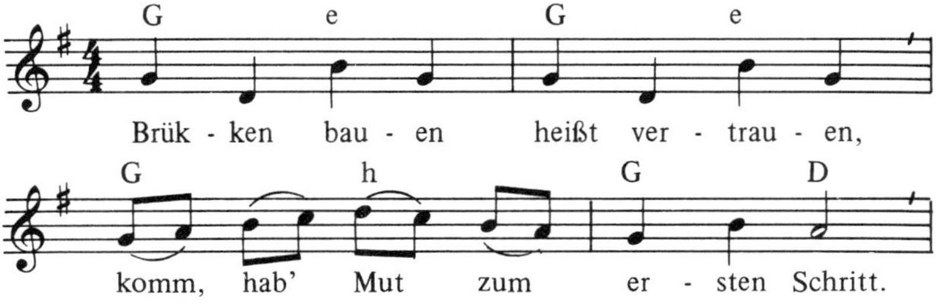

2. Hände drücken,
überbrücken,
was uns auseinandertreibt.
Sich aufraffen,
Nähe schaffen,
Frieden suchen, der auch bleibt.
3. Worte finden,
die verbinden,
ehrlich und auch freundlich sind.
Lachen schenken,
daran denken,
daß wir Gottes Kinder sind.
4. wie Strophe 1

Text: Susanne Tönsmann
Melodie: Dietrich Steinwede

Segen

GL Der Herr, der seinen Bogen in die Wolken stellt,
der wolle uns segnen.
Der Herr, der seinen Bund mit uns schließt,
der wolle uns segnen.
Der Herr, der uns Frieden zusagt,
der wolle uns segnen.
Amen.

Schlußlied

Schwingt am Himmel sich der Bogen (Strophen 1–5)

Alle Kinder der Klassen 3 und 4 sind
herzlich eingeladen zum Schulgottesdienst
Es ist ein Ros entsprungen

Thema: Jesus, die Rose aus dem Stamm Davids
Text: Ein Sproß wächst aus dem Baumstumpf Isai (Jesaja 11,1)
Leitlied: Es ist ein Ros entsprungen (EKG 23)[1]
Leitmedium: Wurzelstock – Rose
Meditative Mitte: Symbolorientierte Meditation[2]
Anlaß: Advent/Weihnachten (der Gottesdienst erschließt die legendäre Entstehung eines bekannten Weihnachtsliedes)
Vorbereitung: Auf einem zentralen Tisch (in der Kirche ist es, wenn er sich eignet, der Altar) liegt eine braune Decke, darauf der in einem herbstlichen Garten ausgegrabene Wurzelstock einer Rose, daneben ein Glockenspiel, eine Triangel, eine Schelle. Je nach Adventssonntag brennen 1–4 niedrige Kerzen. Eine (duftende) Rose wird an einem noch nicht sichtbaren Ort bereitgehalten, ebenso ein Plakat mit dem Text der 1. Strophe des Leitliedes.

Die Kinder sitzen im engeren oder weiteren Kreis (sind es viele, im Doppelkreis) um diesen Tisch herum. Für alle ist ein Liedblatt mit den drei Strophen des Leitliedes abgezogen.

VERLAUF

Einleitende Musik

Eingangslied

(Ein den Kindern bekanntes Adventslied)

Begrüßung

GL Ich begrüße euch herzlich, liebe Kinder. Wir wollen einen stillen Gottesdienst feiern. Die braune Decke auf unserem Tisch soll Erde bedeuten. Den Wurzelstock darauf habt ihr ja schon entdeckt. Er gehört zu einer Rose.

1 Das „Reis" aus dem Stamm Isais (Lutherübersetzung) wurde, wie die vorreformatorische Str. 1 deutlich macht, schon vor Luther zur „Rose".

2 Anregungen für Teile der „Meditativen Mitte" fanden sich in der Zeitschrift „Religionspädagogische Praxis" 1983/4 (Adventliche Zeichen), S. 15ff, und in einer Rosenmeditation von Uwe Seidel.

Meditative Mitte I: Die Wurzel

Übung 1

GL Wir stehen auf, stehen ganz still.
Die Füße stehen nebeneinander.
Die Arme hängen herab.
Die Hände sind ganz ruhig.
Der Kopf ist aufgerichtet.
Wir schließen die Augen.
Wir spüren unsere Füße auf dem Boden.
Fest stehen unsere Füße.

Wir bewegen den Oberkörper ganz leicht hin und her,
als wären wir eine Pflanze im Wind.
Wir spüren unsere Füße auf dem Boden,
wie sie gehalten werden.
Wir denken uns, daß von unseren Füßen
Wurzeln ausgehen in den Boden hinein.
Nach allen Seiten.
Die Wurzeln sitzen fest im Boden.
Sie geben uns Halt.
Alles, was nach oben wächst, hat Halt.
Es kann sich bewegen im Wind...

Wurzeln geben Halt...

Wir öffnen die Augen, setzen uns wieder hin.

GL *nimmt die Wurzel vom Tisch, reicht sie herum. Man kann sie betrachten, befühlen, daran riechen. Dann wird sie wieder auf den Tisch gelegt.*

Übung 2

GL Wir bleiben sitzen, aufrecht.
Wir schließen die Augen.
Wir heben ein wenig die Arme,
lassen die Hände herabhängen.
Jetzt sind unsere Hände die Wurzeln.
Sie wachsen in die Erde.
Sie wachsen nach unten, verzweigen sich.
Sie winden sich durch Widerstände.
Sie wachsen immer tiefer.

Sie saugen Wasser an.
Sie nehmen Nahrung auf mit dem Wasser.
Sie leiten Nahrungswasser nach oben.
So kann es oben wachsen:
Stengel, Blätter, Blüten...

Aber nur im Frühling, im Sommer.
Im Herbst stirbt oben alles ab.
Die Blumen vergehen. Die Blätter fallen ab.
Die Wurzeln unten aber bleiben lebendig.
Sie behalten Saft und Kraft.
Auch wenn oben alles abstirbt...

Wir öffnen die Augen...

Lied

Text und Melodie: Dietrich Steinwede

GL Verwurzelt waren wir.
Zuerst mit unseren Füßen, dann mit unseren Händen.

Wir sind noch auf eine andere Weise verwurzelt, festgewachsen.
Wir haben z.B. Wurzeln geschlagen:
in unserem Ort (Name), in dem wir wohnen,
in unserer Schule, in der Familie.
Überall sind wir verwurzelt – festgewachsen – verwachsen.

Ich bin verwachsen mit Vater und Mutter.
Ich bin verwachsen mit meinen Geschwistern,
mit meinen Verwandten,
mit meinen Freundinnen und Freunden.
Sie halten mich. Ich halte sie.
Wir halten uns gegenseitig.

Lied (Wiederholung)

Wurzeln tief ins Land...

Übung 3

Partnerspiel „Verwachsensein – Verwurzeltsein“

GL Wir legen unsere Hände ineinander.
Jeder mit den Nachbarn rechts und links.
Wir umgreifen einander mit den Fingern.
Wir verwurzeln uns mit unseren Händen.
Wir sind im Kreis miteinander verwachsen.
Wir sind verwurzelt.

Wir lösen uns aus der Verwurzelung.
Wir schauen uns an...

Lied (Wiederholung)

Wurzeln tief ins Land...

GL Und wieder auf eine andere Weise sind wir verwurzelt:
ganz tief in der Zeit, in der Vergangenheit.
Unsere Vorfahren sind die Wurzeln, aus denen wir gewachsen sind.
Die Eltern, die Großeltern, die Urgroßeltern, die Ururgroßeltern...
Tief, tief in die Vergangenheit reichen diese Wurzeln...

Da war ein Mann in uralter Zeit,
Jesaja, der Prophet des Alten Testamentes.
Er sagte: Es gibt einen Wurzelstock, gesund und kräftig.
Das ist die Familie des Königs David, dessen Vater Isai hieß.
Aus diesem Wurzelstock Isais, aus dieser Wurzel Jesse,
wird einst ein Trieb kommen, eine Blume wachsen,
eine wunderschöne Rose...

So sagte Jesaja...

Auf dem Glockenspiel hört man dreimal (ein Kind oder ein Mitarbeiter ist darauf vorbereitet) die erste Zeile von „Es ist ein Ros entsprungen“.

Meditative Mitte II: Die Rose

Die Rose, aus ihrem verborgenen Ort geholt, ist plötzlich vor aller Augen. Sie wird herumgereicht.

GL Nimm die Rose in die Hand.
Betrachte sie – ganz still.
Atme ganz ruhig.
Schau ihre Schönheit.
Atme ihre Schönheit.
Spüre ihren Duft.
Berühre sie mit deinen Fingern,
den Stiel, die Blätter, die zarten Blütenblätter.
Neige dich ihr zu, als wäre sie ein Mensch...

Bald kommt das Fest,
da wird die Rose aus der uralten Wurzel erblühen...

Glockenspiel: Es ist ein Ros entsprungen
(zweimal die ganze Melodie)

GL Eine Geschichte aus alter Zeit: Nicht weit von der Stadt Trier ein Kloster. Ein Mönch ist ausgeschickt von dort mit einer Botschaft weit über Land. Lange ist er fortgewesen. Jetzt kehrt er zurück. Die Botschaft wurde ausgerichtet. Doch es ist Winter geworden. Tiefverschneit sind die Wälder, durch die der Heimweg den alten Mönch führt. Eiszapfen an den Tannen, beißender Frost.
„Heute noch muß ich das Kloster erreichen", murmelt der Mönch vor sich hin. Und er zieht die Kapuze seiner braunen Kutte noch tiefer über den Kopf: „Heute ist Heiliger Abend."
Vor seinen Augen erstrahlt schon alles: die weite Halle der Klosterkirche mit ihren Säulen im Schimmer der Kerzen. Er sieht die Brüder mit dem Abt im Chor, das Gedränge der vielen Menschen im Schiff. Und die alten Melodien der Weihnacht klingen ihm auf: Flöten, Lauten und Zimbeln: „Eia, eia, Susanni". Und das mächtige Brausen der Orgel ist ihm im Ohr: „Gloria in excelsis deo". Doch ein großes Stück Wegs liegt noch vor ihm. Und es wird schon dunkel.
Doch was ist das, dort vor ihm im Schnee, am Rand des Weges? Etwas Rotes leuchtet auf. Er hält an, bückt sich. „Christus, Maria", murmelt er. „Es ist eine Rose."
Aus den Schneekristallen blüht sie ihm entgegen, als gäbe es diesen Eiswinter nicht, als wäre es mitten im Sommer.
Schon hat der alte Mönch in die lederne Reisetasche gegriffen, die er über der Schulter trägt. Schon hält er den kleinen Spaten, der ihm auf langen Reisen so viele gute Dienste erwiesen hat, in der Hand. Er stößt ihn in die frostharte Erde, bricht eine Scholle her-

aus. Darunter ist es weicher. Und es gelingt: Er vermag den Wurzelstock herauszulösen. Und als er den Ballen in die Hand nimmt, behutsam, um ihn unter der Kutte an der Wärme seiner Brust zu bergen, sieht er für einen Augenblick die Schönheit der Blüte, spürt ihren zarten Duft.
Und es geschieht, als er weiterstapft, daß er an Jesaja denken muß, der von einer solchen Rose gesprochen hatte, die aus dem Wurzelstock Isais erblühen sollte. Und er weiß, Jesus ist es, das Kind Jesus: Jesus ist die Rose.

Glockenspiel: Es ist ein Ros entsprungen
(einmal die ganze Melodie)

Und es geschieht mitten in dieser Winternacht, „wohl zu der halben Nacht“, daß ein Mönch, eis- und schneeverkrustet, heimkehrt in sein heimatliches Kloster, daß er seine Brüder als erstes um ein Gefäß bittet, um diesen wundersamen Fund auf dem Altar der Kirche Gott darzubringen.

Und man erzählte danach, daß in dieser Nacht dem alten Mönch wie von selbst ein Lied vor Augen gewesen sei:

> Es ist ein Ros entsprungen
> aus einer Wurzel zart.
> Wie uns die Alten sungen,
> von Jesse kam die Art.
> Und hat ein Blümlein bracht
> mitten im kalten Winter
> wohl zu der halben Nacht.

Das Plakat mit dem Text dieser Strophe wird für alle sichtbar aufgehängt. Die Triangel, die Schelle wird den Kindern angeboten.

GL Wer von euch möchte einen Ton machen bei einem wichtigen Wort aus dieser Strophe?

Kinder melden sich, nennen solche Worte (z. B. Ros, zart, Jesse, Art, Blümlein, Winter, Nacht). Es wird probiert: Der Text wird gesprochen. Man hört die zarten Töne der Triangel. Der Text wird wieder gesprochen. Man hört die Töne der Schelle. Noch einmal (andere Kinder haben jetzt Triangel und Schelle). Noch einmal (das Glockenspiel begleitet jetzt auch). Wiederum alle, nur daß die Strophe jetzt leise vorgesungen wird. Bald können alle Kinder (ganz zart) zu Triangel, Schelle und Glockenspiel die Strophe singen.

Gebet/Segensbitte

GL Gott, guter Gott,
wir dürfen uns freuen.
Wir dürfen singen und jubeln:
Jesaja hat es gesagt:
Aus der Wurzel Jesse, aus der Familie Isai,
wird Jesus kommen,
wie eine blühende Rose in der Winternacht.

Gott, guter Gott,
wir haben uns miteinander verwurzelt,
mit unseren Händen.
Bitte, laß uns Wurzeln schlagen in guter Erde.
Laß unsere Wurzeln immer bis ans Wasser reichen.
In unserer Familie.
Bei unseren Freundinnen und Freunden. Hier in der Schule.
Laß uns immer an Jesus denken, den Sproß aus der Wurzel Isai,
aus der Familie des Königs David,
der gewachsen ist wie eine blühende Rose.

Segne uns, Gott,
in dieser Adventszeit.
Schenke uns Freude. Gib uns Frieden.
Gib uns Hoffnung. Hilf, daß wir dir vertrauen.
Amen.

Schlußlied

Alle singen nach ausgeteiltem Liedblatt die Strophen 1–3 von „Es ist ein Ros entsprungen".

Alle Kinder der Klassen 1–4 sind
herzlich eingeladen zum Schulgottesdienst
Sie folgten dem Stern

Thema: Jesus, der helle Morgenstern
Text: Offenbarung 22,16: Ich bin der leuchtende Morgenstern
Leitlieder: Steht auf, ihr lieben Kinderlein – Mache dich auf, werde licht – Gottes Stern am Himmel droben
Leitmedien: Szenen mit den drei Weisen – Lichterstern
Meditative Mitte: Spiel und Sternbesinnung
Anlaß: Epiphanias (auch vor Weihnachten möglich)
Vorbereitung: Im Altarraum hängt ein großer sechszackiger Stern aus goldenem Glanzpapier (u. U. auch ein Herrnhuter Stern, von innen erleuchtet). Auf einem Tisch zur Seite finden sich (in der Zahl der erwarteten Kinder) viele Teelichter (dazu Streichhölzer). Ein großer Papierbogen (Packpapier) und ein Filzstift sind zur Hand. Auf den Spielteil sind der Sternträger, dessen Stern an langem Stab dem hängenden Stern nachgebildet ist, drei Weise mit Geschenken (diese vier zu Beginn noch außerhalb) und König Herodes (mit Krone; zu Beginn bereits in der Nähe des Altarraumes) anhand von Textblättern vorbereitet. Als Symbol für das neugeborene Kind in Bethlehem brennt auf dem Altar eine große Kerze. Alle Kinder erhalten Liedblätter. Sie wissen überdies, daß in diesem Gottesdienst eine Kollekte eingesammelt werden soll.

VERLAUF

Instrumente (Orgel) improvisieren, während die Kinder einziehen, zur Melodie des Eingangsliedes.

Eingangslied, Strophe 1

EKG 338,1

Steht auf, ihr lieben Kinderlein,
der Morgenstern mit hellem Schein
läßt sich frei sehen als ein Held
und leuchtet durch die ganze Welt.

GL Ihr seid ja alle aufgestanden, liebe Kinder, ihr seid ja hergekommen. Und ihr könnt es alle sehen, da leuchtet er, der schöne Stern, den wir als Morgenstern begrüßen. In unserem Lied wird er ein Held genannt. Ja, er ist mächtig und stark wie ein Held. Und er leuchtet und strahlt weithin über die ganze Welt...

Eingangslied, Strophe 2

Sei uns willkommen, lieber Stern.
Du bringst uns Christum, unsern Herrn,
der unser lieber Heiland ist.
Darum du hoch zu loben bist.

GL *auf den Stern weisend:*

Dieser Stern ist ein Zeichen für uns, liebe Kinder.
Er zeigt an, daß Jesus gekommen ist,
als Kind in der Krippe.
Darum sehen wir ihn gern, diesen Stern.
Darum ist er uns herzlich willkommen.

Eingangslied, Strophe 2 (Wiederholung)

Meditative Mitte I

GL Sterne leuchten in der Nacht – im unendlichen Weltraum, Himmelslichter, voller Geheimnis. Kannst du sie zählen?
Sterne bedeuten etwas, das glauben viele Menschen. Das glaubten die Menschen schon in uralten Zeiten.
Vor 2000 Jahren geschah etwas: Zwei Sterne am Himmel bewegten sich aufeinander zu. Sie kamen sich ganz nah. Plötzlich war da ein helles Leuchten am Himmel, wie ein großer neuer Stern.
Ein neuer Stern war aufgegangen! Fern im Osten entdeckte man ihn. Dort, im Morgenland, in Babylon, wo man viel von den Sternen wußte, fanden weise Männer eine Deutung für den Stern. Sie machten sich auf. Sie folgten diesem Stern durch die Wüste, durch endlose Weiten.

Liedzeile

(von allen mehrfach – nicht zu schnell – gesungen)

Währenddessen ziehen der Sternträger und die drei Weisen ein. In angemessener Entfernung vor dem hängenden Stern bleiben sie stehen. Mit ausdrucksvollen Gesten zeigen sie auf ihn:

1. Weiser: Da ist er wieder, unser Stern!
2. Weiser: Am Himmel dort!
3. Weiser: Helles Licht in dunkler Nacht!
1. Weiser: Es ist der Morgenstern!
2. Weiser: Der Stern unserer Hoffnung.
3. Weiser: Ein König ist geboren.
1. Weiser: Ein mächtiger König!
2. Weiser: Ein König der Juden!
3. Weiser: Ein Friedenskönig, ein Kind!
1. Weiser: Der Stern zeigt es an!
2. Weiser: Stern für die Völker!
3. Weiser: Der König kommt zu uns allen!

Liedzeile
(von allen mehrfach gesungen)

Mache dich auf, werde licht, denn dein Licht kommt.

1. Weiser: Er hat uns geführt, der Stern.
2. Weiser: Durch endlose Wüsten, Tag und Nacht.
3. Weiser: Hierher, nach Jerusalem!

GL: Als aber Jesus geboren war in Bethlehem in Judäa,
seht, da kamen Weise aus dem Osten!
Sie kamen nach Jerusalem und sprachen:

1. Weiser: Wo ist der neugeborene König?
2. Weiser: Der König der Juden?
3. Weiser: Wo finden wir ihn?
1. Weiser: Wir haben seinen Stern gesehen!
2. Weiser: Im Osten! Im Morgenland.
3. Weiser: Wir sind gekommen, ihn anzubeten.

Herodes tritt auf, spricht zu den Weisen:

Herodes: Ein neuer König ist hier nicht!
Hier wurde kein Königskind geboren!
Doch ich weiß es von meinen weisen Männern:
In Bethlehem findet ihr das Kind.
So sagt es Micha, unser Prophet:
‚Aus Bethlehem kommt der König!'
Darum geht nach Bethlehem! Dort sucht das Kind!
Und wenn ihr es findet, dann sagt es mir!
Ich will auch kommen und zu ihm beten.

Herodes geht ab, setzt sich.

GL: Doch Herodes wollte gar nicht zu dem Kind beten.
Er hatte Böses im Sinn.
Die Weisen aber wußten davon nichts.
Sie machten sich auf den Weg nach Bethlehem.
Und sie sahen ihn wieder vor sich,
ihren leuchtenden Stern.

Sternträger und Weise setzen sich in Bewegung, umziehen – den Blick immer auf den hängenden Stern gerichtet – den Altar.

Lied

2. Seht ihr dort die Weisen schreiten mit Geschenken in der Nacht.
Kommt, wir wollen sie begleiten. Hast du etwas mitgebracht?
Gloria...

3. Laßt uns nun zur Krippe gehen auf dem Wege mit dem Stern und das Kind, die Eltern sehen. Kommt, das Wunder ist nicht fern.
Gloria...

Melodie: aus Frankreich
Text: Susanne Tönsmann

Ist das Lied verklungen, halten Sternträger und Weise vor dem Altar an:

1. Weiser: Gloria in excelsis deo!
2. Weiser: Ehre sei Gott in den Höhen!
3. Weiser: Seht, dort bleibt er stehen!
1. Weiser: Schaut nur, dort, der Stall!
2. Weiser: Ein Kind! – Das Kind Gottes!
3. Weiser: Vater und Mutter! Und helles Licht!

GL: Große Freude kam über sie.
Und sie traten in das Haus und fielen nieder vor dem Kind und beteten es an.

Die Weisen knien vor dem Altar nieder.

GL: Alle Könige sollen niederfallen vor ihm.
Alle Völker sollen ihm dienen.

Kanon

Lobet und preiset, ihr Völker, den Herrn

GL: Und sie taten ihre Schatzkästen auf und breiteten ihre Geschenke aus:

Die Weisen stehen auf, legen ihre Geschenke auf den Altar.

1. Weiser: Ich bringe lichtes Gold.
2. Weiser: Ich bringe duftenden Weihrauch.
3. Weiser: Ich bringe wertvolle Myrrhe.
1. Weiser: ... die kostbarsten Schätze für das Kind im Stall.

Die Weisen wenden sich um, gehen langsam dem Ausgang zu.

GL: Und im Traum befahl ihnen Gott, nicht wieder nach Jerusalem zu gehen, nicht zu Herodes zurück.
Gott wollte das Kind schützen.

1. Weiser: Einen anderen Weg!
2. Weiser: Wir sahen das Kind!
3. Weiser: Wir sahen den König, den Stern!

Liedzeile

(von allen mehrfach gesungen)

Mache dich auf, werde licht, denn dein Licht kommt

Währenddessen sind Sternträger und Weise hinten im Kirchenraum angekommen. Sie setzen sich still zu den übrigen Kindern.

Meditative Mitte II

GL *zeichnet auf den großen Papierbogen den sechszackigen Stern – zwei gleichseitige Dreiecke übereinandergelegt:* ✡ *(Alternative: der Stern ist schon gezeichnet!). GL zeigt den Kindern diesen Stern, legt das Papier (sofern möglich) auf den Altar, sonst auf den Boden davor.*

GL Kommt Kinder, holt euch ein Licht, zündet es an, stellt euer Licht auf meinen Stern – auf die Linien!

Die Kinder folgen der Aufforderung, holen sich vorn Lichter, entzünden sie (u. U. mit Hilfe) und ordnen ihre brennenden Lichter auf den Linien an. Plötzlich sehen sie sich dem flimmernden Sechszackstern gegenüber.

Lied

Seht ihr unsern Stern dort stehen: Strophe 4

Seht ihr unsern Stern dort stehen,
helles Licht in dunkler Nacht.
Hoffnung auf ein neues Leben
hat er in die Welt gebracht.
Gloria...

Text: Diethard Zils

GL Dies ist der Stern der Geburt Jesu, unser lieber Weihnachtsstern. Dieser Stern ist aber auch ein Stern der Juden. Die Juden nennen ihn den Davidsstern. Sie denken dabei an König David aus der Zeit des Alten Testaments. Das Volk Israel heute hat diesen Stern auf seiner Fahne. Auch die Juden können singen:

Lied

Seht ihr unsern Stern dort stehen: Strophe 4 (Wiederholung)

GL Dieser Stern, liebe Kinder, ist auch ein dunkler Stern. In der Hitlerzeit war er ein schreckliches Zeichen. Jeder Jude in Deutschland, in Europa, überall, wo Hitler die Macht hatte, mußte diesen Stern aus gelbem Stoff auf seiner Kleidung tragen, damit man gleich erkannte: Dies ist ein Jude! In der Hitlerzeit wurden die Juden in Deutschland und in den anderen Ländern Europas verfolgt, verhöhnt, verschleppt, totgeschlagen, in Gaskammern umgebracht. Es war eine schreckliche Zeit, eine Zeit der Vernichtung. Sechs Millionen Juden wurden ermordet...

Wir wollen still werden, Kinder, und an die unzählbar vielen jüdischen Menschen denken, die sterben mußten, nur weil Hitler und seine Helfer es so wollten...

Die Kinder gehen still an ihre Plätze zurück. Wenn alle sitzen, kommen die 3 Weisen (ohne Sternträger) ruhig nach vorn, betrachten den großen Lichterstern und wenden sich den Kindern zu.

GL Die Weisen sind zurückgekommen. Sie wollen uns noch etwas sagen:

1. Weiser: Trauriges haben wir da von unserem Stern gehört!
2. Weiser: Das konnten wir damals noch nicht wissen...!
3. Weiser: Unser Weihnachtsstern, ein Unglücksstern für viele Juden!

GL Beruhigt euch, ihr Weisen. Euer Stern wird seinen hellen Glanz nicht verlieren...

1. Weiser: Aber wie konnten Menschen unter dem Zeichen dieses Sterns getötet werden?
2. Weiser: Unser guter Stern!
3. Weiser: Wie konnte er so dunkel werden?

GL *zu den Weisen:*

Schreckliches ist geschehen. Dunkel ist der Weg, den manche Menschen gehen. Sie haben euren schönen Stern mißbraucht. Daran müssen wir immer denken. Aber er bleibt trotzdem der Stern Gottes. Er hat euch den Weg zu Christus gezeigt. Noch vielen wird er diesen Weg zeigen.

1. Weiser: Das gibt mir Hoffnung.
2. Weiser: So bleibt er doch ein gutes Zeichen.
3. Weiser: Darüber bin ich froh...

Lied

Seht ihr unsern Stern dort stehen: Strophe 4 (Wiederholung)

Währenddessen ziehen die Weisen aus.

GL Die Weisen unter dem Stern haben dem Kind Gaben gebracht, Geschenke. Sie wollten dem Kind Gutes tun. Auch wir können unter dem guten Stern Gutes tun für andere Kinder, für Kinder, die hungern...

Lied

Seht ihr unsern Stern dort stehen: Strophe 5

Weil wir neues Leben suchen,
darum folgen wir dem Stern,
sammeln Gaben, singen Lieder
für die Menschen, für den Herrn.
Gloria...

Text: Diethard Zils

Einige Kinder gehen herum und sammeln Gaben in Körben.

GL So, wie wir es eben gesungen haben: „Sammeln Gaben... für die Menschen, für den Herrn!" – Wenn ihr etwas geben könnt und mögt, dann soll es dafür dienen, daß hungernde Kinder in der Welt mehr zu essen haben. Wir sammeln für „Brot für die Welt"/„Adveniat".

Meditative Musik

Gebet

GL Lieber Gott, wir danken dir für deinen Stern.
Er leuchtet so hell und so schön.
Dunkel ist er einmal geworden.
Laß uns manchmal daran denken.
Bitte, Gott,
laß unsere Gaben hungernden Kindern zugutekommen.
Gib uns Kraft, im Zeichen deines Sterns zu leben,
fröhlich zu sein und uns zu freuen über Jesus, deinen Sohn. Amen.

Segen

GL Unter dem Stern der Weisen,
unter dem Stern der brennenden Lichter,
unter dem Morgenstern Jesus
segne Gott uns alle:
Der Segen Gottes über uns.
Der Stern gehe mit uns.
Amen.

Schlußlied

Seht ihr unsern Stern dort stehen: Strophen 1–4

Alle Kinder der Klassen 3 und 4 sind herzlich eingeladen zum Schulgottesdienst

Kreuzesbaum – Lebensbaum

Thema: Das Kreuz als Auferstehungssymbol
Text: Wer den Sieg erlangt, der ißt vom Baum des Lebens (Offenbarung 2,7; vgl. 22,2b; Genesis 2,9)
Leitlieder: Menschen warten in den Straßen der Stadt – Ihr Freunde, laßt euch sagen
Meditative Mitte: Kreuz – Meditation
Anlaß: Passionszeit kurz vor Ostern/Osterzeit
Vorbereitung: Für alle Kinder liegen Bildblätter mit dem Lebenskreuz (vgl. Titelblatt) bereit, ebenso Liedblätter. Während des 1. Teiles kann man, sofern möglich, das Bild (Dia/Folie) eines Gekreuzigten projizieren. Für die Meditative Mitte II wird auf jeden Fall der Zweig eines Lebensbaumes benötigt.

VERLAUF

Vorspiel von Orgel (Instrumenten) über das Eingangslied

Eingangslied

(mit allen Kindern eingeübt/einzuüben)

2. Gestern haben sie Hosianna geschrien,
heute verlachen und verspotten sie ihn.
Jesus trägt das Kreuz für sie alle.
3. Und der Hohe Rat sprach: Seinen Tod wollen wir!
Und Pilatus fragte: Was kann ich denn dafür?
Jesus trägt das Kreuz für sie alle.

4. Ängstlich halten sie die Jünger versteckt,
daß sie nur keiner von den andern entdeckt.
Jesus trägt das Kreuz für sie alle.
5. Petrus gelobte erst: Ich helfe dir gern.
Aber dann hat er doch verleugnet den Herrn.
Jesus trägt das Kreuz für sie alle.
6. Frauen haben ihn am Wege beklagt,
freche Soldaten ihn mißhandelt, geplagt.
Jesus trägt das Kreuz für sie alle.
7. Simon von Kyrene half ihm dann auf.
Andere achteten doch gar nicht darauf.
Jesus trägt das Kreuz für sie alle.
8. Und zwei Verbrecher mußten sterben mit ihm,
einer im Frieden und der andre voll Grimm.
Jesus trägt das Kreuz für sie alle.
9. Und die Menge schrie: Das ist nun sein Lohn.
Aber der Hauptmann sah: Er war Gottes Sohn.
Jesus trägt das Kreuz für sie alle.
10. Menschen warten, und das damals wie heut,
Spötter und Zweifler und auch ganz fromme Leut'.
Jesus trägt das Kreuz für *uns* alle.

Text und Melodie: Martin Gotthard Schneider

Begrüßung

GL Jesus trägt das Kreuz für sie alle – für uns alle! – Kinder, ich begrüße euch. Wir wollen heute zuerst an das Leiden von Jesus denken, daran, wie er gequält und getötet wurde. Das ist kein einfaches Thema. Unser Eingangslied hat uns von all dem schon erzählt. Aber wir wollen auch daran denken, was danach gekommen ist, nach dem Leiden und Sterben von Jesus. Doch zuerst:

Meditative Mitte I

GL Pilatus, der römische Statthalter in Jerusalem, verurteilt Jesus, den Mann aus Nazaret, der nur Gutes getan hat, als Aufrührer zum Tod, zum Tod am Kreuz. Das ist bei den Römern die schlimmste Verbrecherstrafe. Die römischen Soldaten nehmen Jesus. Sie schlagen ihn mit Lederpeitschen, mit Geißeln. Das Blut springt aus seinem Rücken. Sie drücken ihm einen Kranz aus Dornenzweigen auf den Kopf. Das Blut rinnt über sein Gesicht. Und sie verspotten ihn: „Du mit deiner Dornenkrone, du bist uns ein schöner König!"

Lied

Text: Rolf Krenzer
Musik: Ludger Edelkötter

Und als sie genug gespottet und geschlagen haben, da zwingen die Soldaten Jesus, den Balken, den Querbalken für sein Kreuz, selbst zu tragen, quer durch die Stadt, hinaus zum Richtplatz. Jesus kann den Balken kaum tragen, so schwach ist er. Und er bricht immer wieder darunter zusammen. Und die Menschen am Straßenrand gaffen. Einige haben auch Mitleid...
Die römischen Soldaten aber treiben Jesus immer wieder an, wieder und wieder, und nachher hilft ihm Simon von Kyrene. Und so kommen sie hinaus vor die Stadt zum Richtplatz der Römer, zu dem Hügel dort, genannt Golgota, „Schädelstätte".

Lied: Strophe 2

Ihr Freunde, laßt euch sagen:
Er hat das Kreuz getragen.
Das Kreuz war hart und schwer,
und er ist unser Herr,
und er ist unser Herr.

GL Dort auf dem Hügel Golgota ist der Baumstamm schon aufgerichtet: eingegraben in die Erde, ein kahler Pfahl, ein Totenbaum.

GL *fordert die Kinder auf, aufzustehen, ganz gerade zu stehen, die Hände schlaff herunterhängen zu lassen, einen toten Stamm, einen Totenbaum, darzustellen:*

Ein solcher toter Stamm bist du,
ein Pfahl, in die Erde eingegraben.
...
Du bist ein abgeschlagener Baum, ohne Wurzeln,
ohne Lebenskraft.
...
Du bist unbeweglich,
starr, ein toter Stamm.
...

Dann, nach der Bitte, sich wieder zu setzen:

GL Drei solcher Totenbäume sind dort eingegraben – in der Mitte der für Jesus. Und als die römischen Soldaten mit Jesus kommen, da stoßen sie ihn hin auf die Erde und breiten seine Arme auf den Balken, den er getragen hat, und sie schlagen Nägel durch seine Hände und ziehen den Balken, an dem Jesus hängt, mit Stricken an dem aufgerichteten Stamm hoch und befestigen ihn und schlagen dann Nägel durch die Füße von Jesus.
So kreuzigen sie ihn.
Und mit ihm kreuzigen sie zwei andere,
zwei wirkliche Verbrecher.

Lied: Strophe 3

Ihr Freunde, laßt euch sagen:
Er ist ans Kreuz geschlagen.
Uns ist das Herz so schwer,
und er ist unser Herr,
und er ist unser Herr.

GL Jesus hängt da an seinem Kreuz.
Seine Brust ist ganz eingedrückt.
Und er bekommt keine Luft mehr.
Er röchelt – er erstickt.

So grausam ist der Tod für Jesus...

Und der Befehlshaber der römischen Soldaten
schaut auf zum Kreuz und sagt:
„Dieser war wirklich Gottes Sohn."

Meditative Mitte II

GL *zeigt den Kindern den Lebensbaumzweig:*

Schaut Kinder, was ich hier habe!
...
Möchte jemand einmal riechen?
Kennt jemand den Baum, von dem der Zweig stammt?
...

Wenn keine oder nur unzutreffende Antworten kommen:

GL Den Baum findet man oft auf Friedhöfen.
Er heißt „Lebensbaum". Warum? – Die Menschen wollen damit sagen: Auch wenn es den Tod gibt, *wir* glauben an das *Leben*. Die Toten, die hier liegen, haben auch einmal gelebt. Und: Das ist einfach schön, wenn bei den Toten ein Baum steht, der Lebensbaum heißt. Leben ist ja das Gegenteil von Tod. Viele Menschen glauben ja auch, daß die Toten wieder zum Leben kommen.
Er war ans Kreuz geschlagen, unser Jesus.
Alle dachten, er ist nun tot für immer.

Alle Kinder erhalten jetzt das Blatt mit dem Kreuz als Lebensbaum:

GL Schaut euch das Bild in Ruhe an. Ganz still. Laßt eure Augen darüber hingehen.
„Ich entdecke..."
„Ich fühle..."
„Mir kommen Gedanken..."

Kinderäußerungen. Wenn zögerlich, kann GL mit folgenden Impulsen helfen:

GL Ein Kind hat früher einmal dazu gefragt: „Daß die Blätter *aus* dem Kreuz wachsen, kann das die Auferstehung von Jesus bedeuten?"
...
Ein anderes Kind hat gesagt: „Das ist sein Kreuz, weil er gestorben ist. Und jetzt kommt wieder Leben raus, weil er auferstanden ist."
...
Ein anderes Kind hat gesagt: „Das ist das Kreuz des Lebens. Es bedeutet: ‚Jesus ist auferstanden'. Die Blätter sind das Leben der Toten. Die Blätter wachsen um das Kreuz des Lebens, an das Jesus gehängt wurde."
...

Ein anderes Kind hat gesagt: „Es war das Todeskreuz, an dem Jesus gestorben ist. Aber Jesus ist wieder auferstanden von den Toten. Die Blätter des Lebens machen das Todeskreuz zum Lebenskreuz. Jetzt ist es das Kreuz des Lebens, aus dem die Blätter des Lebens wachsen."

GL *führt ein Gespräch mit den Kindern. Dann:*

Lied: Strophe 4

Ihr Freunde, laßt euch sagen:
Er hat den Tod geschlagen.
Den Tod besiegte er.
So stark ist unser Herr,
so stark ist unser Herr.

GL *Impuls:*

Sucht eine Überschrift für das Bild!
(„Das Blätterkreuz" haben Kinder gesagt, „Das Kreuz lebt wieder wie Jesus", „Lebenskreuz", „Christuskreuz", „Osterkreuz".)

GL *bittet die Kinder:*

Legt eure Blätter beiseite!
Steht noch einmal auf!
...
Jetzt stellt euch vor, ihr seid ein Baum des Lebens:
Denkt, daß eure Füße sich in der Erde verwurzeln.
Breitet eure Arme aus. Eure Arme sind Äste.
Wiegt euch hin und her, wie im Wind.
...
Bewegt eure Hände. Sie sind Zweige des Lebensbaumes.
Laßt die Finger spielen.

(macht vor)

Ihr seid kein starrer Totenbaum mehr.
Ihr seid ein Baum des Lebens geworden.
So wie das Kreuz von Jesus
ein Baum des Lebens geworden ist...

Jetzt haltet eure Hände nach unten.
Tragt Früchte,
schwere Früchte...

Dann, nach der Bitte, sich wieder zu setzen:

Lied: Strophen 5 und 6

Ihr Freunde, laßt euch sagen:
Zum Baum ist ausgeschlagen
das Kreuz, das er getragen
mit Wurzeln breit und schwer.
So stark ist unser Herr,
so stark ist unser Herr.

Ihr Freunde, laßt euch sagen:
Drum dürft ihr nicht verzagen.
Der Baum wird Früchte tragen.
Es werden immer mehr.
So stark ist unser Herr,
so stark ist unser Herr.

GL Ja, stark ist unser Herr. Er hat den Tod besiegt.
So ist das mit den Freunden von Jesus. Sie waren wie tote Bäume, ohne Leben. Jetzt aber merken sie: Neues Leben ist gekommen, gewachsen, unvergängliches Leben, Leben aus dem Tod. Sie spüren das neue Leben. Jesus ist lebendig unter ihnen...
Das spüren wir heute auch. Wir merken es: Jesus ist lebendig unter uns.
Wir erzählen von ihm. Wir beten zu ihm, zu unserem Jesus.
Und darum sind wir fröhlich. Er macht so vieles leicht und heil, unser Jesus, er ist unser Heil.

Lied

Wir wollen alle fröhlich sein, Strophen 1–3

Die Kinder fassen sich an, schwingen hin und her:

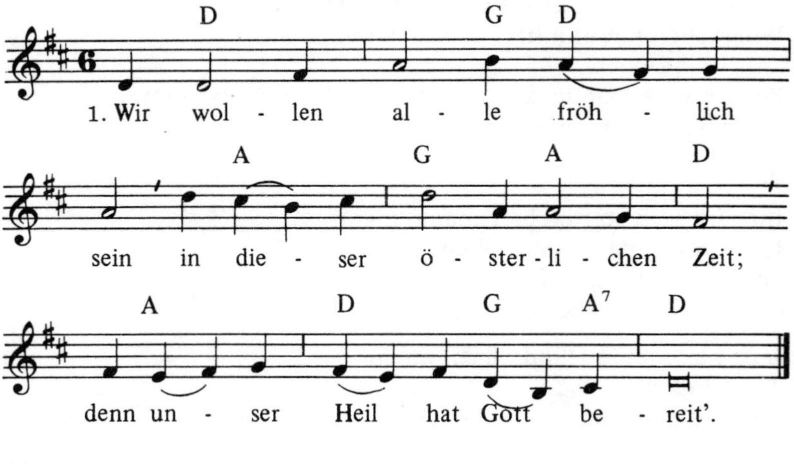

2. Es ist erstanden Jesus Christ,
der an dem Kreuz gestorben ist,
dem sei Lob, Ehr zu aller Frist.
3. Es freu sich alle Christenheit
und lobe die Dreifaltigkeit
von nun an bis in Ewigkeit.

Nach einem lateinischen Lied des 15. Jahrhunderts
bei Cyriakus Spangenberg 1528–1604

Gebet

GL Jesus Christus,
du hast dein Kreuz, den Balken,
durch die Straßen getragen. Für uns.
Du bist am Kreuz gestorben,
am Kreuzesstamm, am Kreuzesbaum. Für uns.

Jesus Christus,
dein Kreuz,
erst war es ein toter Stamm, ein Totenbaum.
Jetzt ist es ein Lebensbaum geworden.

Jesus Christus,
du bist nicht im Tod geblieben,
du bist zum Leben zurückgekommen.
Das ist kein Traum, das ist Wahrheit.

Jesus Christus,
dein Kreuzesbaum ist unser Baum der Hoffnung.
Gib uns Kraft, daß wir auf dich hoffen,
auf dich allein.
Amen.

Lied: Strophe 7

Ihr Freunde, laßt euch sagen:
Er hat uns aufgetragen,
mit ihm es neu zu wagen,
fällt's uns auch noch so schwer.
Doch stark ist unser Herr.
Ja, stark ist unser Herr!

Segensbitte

GL Segne uns, Gott,
segne uns durch Jesus Christus,
der nicht im Tod geblieben ist,
sondern zum Leben zurückgekommen ist.
Segne uns durch Jesus Christus,
den Lebendigen, der so stark ist,
daß er uns alle stark macht.
Amen.

Schlußlied

Wir wollen alle fröhlich sein (Strophen 1–3)

Festzeichen

Beim Auszug können die Kinder kleine Lebensbaumzweige erhalten.

Alle Kinder der Klassen 3 und 4 sind herzlich eingeladen zum Schulgottesdienst
Atem, Wind und Sturm: Pfingsten

Thema: Stürmischer Atem des Lebendigen: Die Dynamik des Pfingstfestes
Text: Apostelgeschichte 2 in Auswahl (Pfingstgeschichte)
Leitlieder: Zu Pfingsten in Jerusalem – Atem wie Wind – Wind, der du saust
Meditative Mitte: Atem–Meditation
Anlaß: Zeit zwischen Ostern und Pfingsten, auch nach Pfingsten
Vorbereitung: Instrumente (Glockenspiel, Gitarre) sind zur Hand. Den Kindern wird das Einladungsblatt mit den Liedern auf der Rückseite ausgeteilt. GL hat ein kleines Windrad (Kirmes) zur Verfügung. Die Sitzordnung könnte, wenn möglich, ein großer Kreis (auch Doppelkreis) sein; in jedem Fall empfiehlt es sich, die Kinder des 3./4. Schuljahres sich unter die des 1./2. Schuljahres mischen zu lassen.

VERLAUF

Einleitende Musik (Orgel, andere Instrumente) über das Eingangslied

Eingangslied

Text: Arnim Juhre
Musik: Karl-W. Wiesenthal

Begrüßung (Hinführung)

GL Seid herzlich begrüßt, Kinder. Wir feiern unseren Gottesdienst im Namen des Vaters, des Sohnes und des heiligen Geistes. Auf dem Einladungsblatt habt ihr gesehen: Wir wollen heute miteinander etwas mit Atem, mit Luft und Wind probieren. Und es soll etwas zu tun haben mit Pfingsten. Zuerst mit dem Atem: Luft zum Atmen hat jeder von euch. Genug ist davon vorhanden. Wir atmen ja immer, ob wir wachen oder schlafen.
Mit unserem Atem wollen wir jetzt etwas machen ... Jeder legt das Liedblatt unter den Platz, setzt sich gerade hin, die Füße nebeneinander, die Hände in den Schoß, ganz locker.

Meditative Atemübung I

GL Schau mich an! Geht meine Hand nach oben, atmest du ein. Hält die Hand an, hält der Atem an. Geht meine Hand nach unten, atmest du aus. Jetzt beginnt es.

GL *begleitet im folgenden mit den angesagten Bewegungen seiner Hand.*

Atme ganz tief ein. Mache dich weit. Fülle deinen Körper mit Atem ...
Halte an ...

Jetzt atme aus. Laß sie fließen, die Luft, in einem langen Strom, bis du ganz leergeatmet bist.
Halte an ...

Noch einmal:
Einatmen – Anhalten – Ausatmen ...
Ich finde es schön, daß Luft genug da ist zum Atmen.

Noch einmal:
Einatmen – Anhalten – Ausatmen ...
Wir brauchen den Atem zum Leben. Wer atmet, lebt.

Noch einmal:
Einatmen – Anhalten – Ausatmen ...
Das hat sich Gott so gedacht, daß wir atmen, um zu leben.

Noch einmal:
Einatmen – Anhalten – Ausatmen ...
Wenn das Atmen einmal aufhört, sind wir tot ...

Gebet

GL Danke Gott, daß du uns den Atem geschenkt hast.
Danke Gott, daß du uns atmen, leben läßt.
Amen.

Meditative Atemübung II

GL Mit deinem Atem kannst du spielen. Das erste Spiel war sehr still.
Auch unser zweites Spiel ist ein leises Spiel:
Halte deine Hand, die Innenfläche, mit etwas Abstand vor deinen Mund.
Atme, hauche in deine Hand hinein! Ganz vorsichtig, ganz behutsam!
Spürst du etwas?
(es wird warm)

Jetzt puste etwas kräftiger in deine Hand hinein!
Spürst du etwas?

(es wird kühler)

Jetzt drehe deine Hand um.
Jetzt puste ganz vorsichtig über die Außenfläche deiner Hand.
Einmal – zweimal – dreimal. Immer etwas stärker.
...

Das ist wie ein Spiel mit dem Atem.
Wenn du es ganz vorsichtig machst, ist es schön,
wie Streicheln ..., wie leiser Wind.

Meditative Atemübung III

GL Jetzt wird es schwieriger:
Jetzt probiere es bei deiner Nachbarin/deinem Nachbarn:
Sie/er soll dir die Hand geöffnet entgegenhalten.
Puste ganz vorsichtig über ihre/seine Hand*innen*fläche,
einmal – zweimal – dreimal
...
Puste jetzt ganz vorsichtig über ihre/seine Hand*außen*fläche,
einmal – zweimal – dreimal.

Und jetzt umgekehrt ... Er/sie macht dasselbe bei dir!

Wieder ist es wie Streicheln, wie leiser Wind.

Lied: Atem wie Wind

wird über Instrumente (etwa Glockenspiel, Gitarre) eingeführt.

GL Jetzt kommt etwas wie leiser Wind *(Melodie vom Glockenspiel):*

Text und Melodie: Dietrich Steinwede

GL *spricht den Text, läßt ihn nachsprechen, läßt wieder der Melodie nachlauschen, läßt behutsam singen.*

GL In unserem Lied ist der Wind wie vorsichtiges, leises Atmen.
Der Wind kann aber auch kraftvoll sein, stark:
Ich sehe etwas aufsteigen im Herbst. Der Wind treibt es hoch!

Kinder: einen Drachen!

Ich sehe einen Drachen steigen ...
Der Wind hat Kraft!

GL *nimmt das Windrad zur Hand, pustet, läßt Kinder pusten.*

Mein Atem ist wie Wind. Er hat Kraft.
Er kann ein Windrad treiben.

GL *hält seine Arme überkreuz. Kinder (u. U.): Der Wind kann eine Windmühle antreiben.*

Der Wind hat Kraft. Er treibt die großen Windmühlenflügel. Korn wird zu Mehl gemahlen.

GL Ich sehe ein Segelschiff übers Wasser fahren.

Kinder (u. U.): Der Wind treibt es an. Er füllt die Segel.

GL Der Wind hat Kraft. Er läßt Drachen steigen. Er läßt Windmühlenflügel kreisen. Er bewegt große Schiffe. Er kommt auch als Sturm. Wie es stürmt, das kannst du oft hören und auch sehen, ganz besonders im Frühling und im Herbst. Dann werden die Bäume gerüttelt und geschüttelt. Dann werden die Wellen im Meer ganz groß. Dann saust es und braust es.

Lied: Wind, der du saust

wird über Instrumente eingeführt, dann kräftig zupackend gesungen. Die Kinder stehen dabei auf, rütteln und schütteln sich (das macht Spaß).

Text und Melodie: Dietrich Steinwede

Die Kinder setzen sich wieder.

GL Sucht einen Namen für das Lied.

Kinder (u. U.): Sturm-, Sause-, Wind-, Rüttellied.

GL Schaut auf euer Einladungsblatt. Dort steht „Atem – Wind – Sturm“.
Dort steht noch mehr:

Kinder: Pfingsten!

Biblische Erzählung

GL Pfingsten, das war ein großes Fest, ein Erntefest damals in Jerusalem vor 2000 Jahren. Tausend und abertausend Juden aus aller Welt, aus Asien, aus Afrika, aus der Türkei, aus Italien und Spanien und aus vielen anderen Ländern waren nach Jerusalem gekommen, um dieses Fest zu feiern. Sie füllten die Straßen. Und sie redeten und schrien durcheinander. Wie ein Brausen war das. Und dann kam es auch noch wie ein Brausen, wie ein gewaltiger Wind,

wie ein Sturm vom Himmel. Und da, wo die Freunde von Jesus waren – Petrus mitten unter ihnen –, da wurde das ganze Haus davon erfüllt. Und Petrus wurde erfüllt vom Sturm, vom Atem, vom Geist Gottes. Er wurde durchgeblasen, ganz durchgeschüttelt. Und er lief hinaus und begann zu reden vor all den verschiedenen Menschen dort aus den verschiedenen Ländern. Laut begann er zu rufen. Und sie verstanden den Namen, den er da immer wieder rief: „Jesus! Jesus!" Und sie verstanden es auch, als er rief: „Dieser Jesus ist unser Herr! Er ist auch euer Herr!" Und sie verstanden es auch, als er rief: „Dieser Jesus wurde von den Römern am Kreuz getötet. Aber jetzt ist er lebendig mitten unter uns!"
Erstaunt waren die vielen, ganz erschrocken. Es bebte ihnen das Herz. Manche meinten, dieser Petrus sei betrunken. Die meisten aber sagten: „Wie kann das nur sein, daß wir diesen Mann, diesen Fischer aus Galiläa, verstehen? Wir sprechen doch ganz verschiedene Sprachen!"
Verwundert waren sie, ganz durcheinander. Wie neues Atmen war es unter ihnen, wie ein Sturm: „Seht doch, wie er glüht, dieser Mensch. Er ist ja ganz entflammt!" Sie riefen es einander zu. Und sie wurden selbst Feuer und Flamme. Ein Funke war übergesprungen, hatte sie entzündet, daß sie glühten vor Eifer und Begeisterung.
„Petrus, was sollen wir denn tun?" riefen sie. Es brannte in ihnen. Viele zitterten. Sie waren ganz außer sich. Stimmen . . . das Reden . . . das Brausen . . . Atem des Lebens . . . Geist von Gott . . . Wind . . . Sturm . . . Sie schrien: „Petrus, was sollen wir denn tun?"
Und Petrus rief: „Kehrt um! Macht einen neuen Anfang! Laßt euch taufen! Dann gehört ihr zu uns, zu Jesus, dem Christus, dann seid ihr Christen wie wir!"
Und sie riefen: „Ja, das wollen wir!" Und da wurden sie getauft, viele, viele Juden aus allen Ländern der Welt in Jerusalem an jenem Pfingsttag.
Lukas hat uns das erzählt. Es ist aufgeschrieben in der Bibel, im Neuen Testament, in der Geschichte der Apostel.

Wiederholung: Liedstrophe: Zu Pfingsten in Jerusalem

GL Und viele von den Getauften wurden zu Aposteln, zu Boten von Jesus, dem Christus. Es war ihnen ins Herz gegangen, was Petrus, der Fischer, gerufen hatte. Und als sie heimkehrten in ihre Länder, in die vielen Länder der Welt, da sagten sie es allen Menschen weiter: „Das geht euch an, das mit Jesus, dem Christus, den Gott geschickt hat, euch zu helfen, euch, die ihr in Not seid, die ihr ausgebeutet, unterdrückt seid, euch, die ihr krank seid und elend. Jesus ist mit euch. Er ist in euch. Er gibt euch neue Kraft." Da breitete Begeisterung sich aus. Die Menschen, vor allem die Armen, kamen gelaufen. Sie hörten und wollten es nicht glauben: „Ja, gibt es denn das, da kommt einer von Gott, der sich um uns, die Armen, kümmert!?" Sie wollten es nicht glauben. Und sie glaubten es doch. Und sie wollten zu diesem Jesus gehören. Und sie wurden Christen durch die Taufe. Und auch sie erzählten alles weiter. Und so breitete sich die gute Nachricht aus mit Windeseile in der ganzen Welt. Überall war es wie neues Atmen unter den Menschen. Und sie fingen an, fröhlich und freundlich zueinander zu sein. Und sie machten Frieden miteinander. Und sie begannen einander liebzuhaben. Sie waren angerührt vom Atem Gottes. Sie wurden zu Kindern Gottes, erfüllt von seinem Geist.

(nach Apostelgeschichte 2)

GL Und jetzt singen wir die 2. Strophe des Rüttelliedes:

Lied: Wind, der du saust

2. Wind, Gottes Kraft,
   Sturm, du hast Macht,
   du kannst uns alle rütteln,
   du kannst uns alle schütteln.

Text: Dietrich Steinwede

Die Kinder stehen auf, singen die Strophe mehrmals, schütteln sich . . .

GL Und jetzt singen wir die Strophen 2–5 des Atem-Liedes:

Lied: Atem wie Wind

2. Geist, du von Gott,
   vergessen die Not,
   erfülle unsre Sinnen.
   Es gibt ein neu Beginnen.

3. Atmen, ganz neu.
   Ich fühle mich frei.
   Ich möchte für Gott brennen.
   Ein jeder soll's erkennen.

4. Brausender Wind.
Ich bin Gottes Kind.
Ich will die Nachricht sagen.
Ich will es neu jetzt wagen.

5. Pfingsten im Haus:
Sturm, Wind, Gebraus.
Die Menschen müssen singen.
Sie müssen tanzen, springen.

GL Ja, Kinder, ganz durchgeblasen waren die Menschen zu Pfingsten damals von dem Wind, von dem neuen Geist Gottes. Sie waren durchgeschüttelt, durchgerüttelt. Es war ein neuer Anfang für sie, ein neues Beginnen. Frei fühlten sie sich. Sie brannten für Gott. Voller Freundlichkeit und Liebe waren sie füreinander. Und sie waren so fröhlich, daß sie anfingen, zu singen und zu springen und zu tanzen.

Und das, singen und springen und tanzen, das wollen wir jetzt auch miteinander probieren.

Alle Kinder werden aufgefordert, nach vorn zu kommen, einen Kreis zu bilden. Die Instrumente spielen die Melodie:

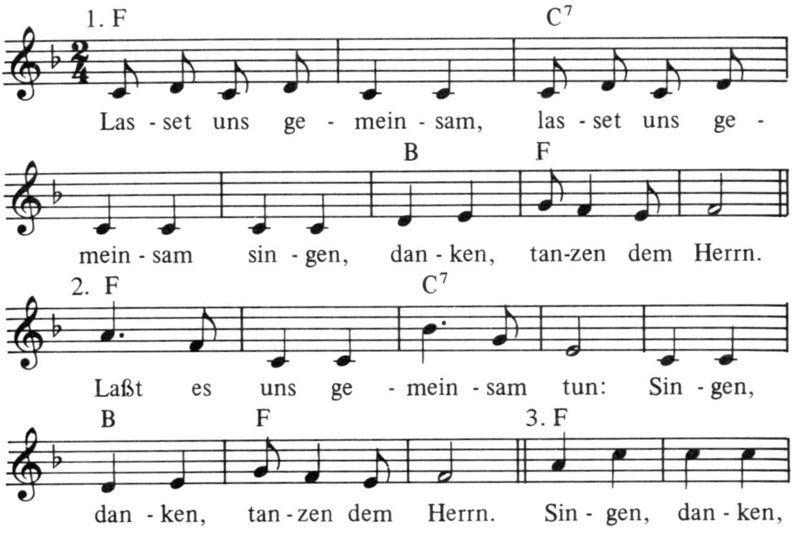

Alle stehen im Kreis und halten sich an den Händen.

Lasset uns gemeinsam, lasset uns gemeinsam, singen, danken, tanzen dem Herrn
Alle gehen rechts im Kreis herum.

Laßt uns das gemeinsam tun, singen, danken, tanzen dem Herrn
Alle gehen in die andere Richtung nach links.

singen, danken, tanzen dem Herrn
Alle wieder nach rechts.

singen, danken, tanzen dem Herrn
Alle wieder nach links.

singen, danken, tanzen dem Herrn
Alle wieder nach rechts.

singen, danken, tanzen dem Herrn
Alle lassen die Hände los, jeder dreht sich um sich selbst und klatscht dabei in die Hände.

Diesen Kanon kann man sowohl 2stimmig als auch 4stimmig singen. In diesem Fall bilden sich zwei oder vier Kreise (Zeichnung!). Für den 4stimmigen Kanon werden mindestens 40 Kinder benötigt.

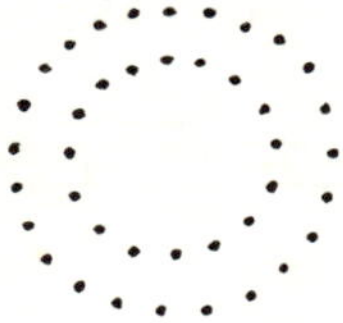

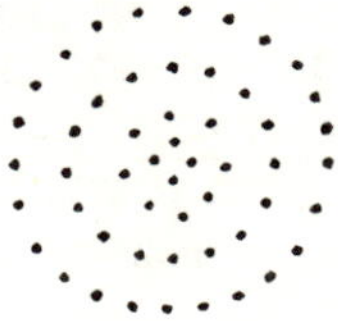

Der innerste Kreis beginnt. Die Einsätze mit Bewegungen erfolgen wie beim Singen.
Wenn nicht so viele Kinder da sind, können auch kleine Kreise gebildet werden, die nebeneinander stehen.[1]

Gebet

GL Gott, laß uns deinen Atem spüren,
deinen Wind, deinen Sturm,
daß wir erkennen, wer du bist.

Gott, sende uns deinen Geist des Friedens,
laß uns erfüllt sein vom Frieden.
Laß uns einen neuen Anfang machen.

Gott, gib uns deinen neuen Geist,
der freundlich macht gegenüber jedermann.
Amen.

Lied: Wind, der du saust, Strophen 1–2

Segen

GL Friede mit euch, Kinder!
Freut euch, seid fröhlich!
Alle zusammen. Alle miteinander!
Alle mögen sich verstehen.
Friede! Geist Gottes mit euch!
Der Atem Gottes mit euch!
Wind und Sturm!
Freut euch! Seid fröhlich!
Amen.

Schlußlied: Atem wie Wind, Strophen 1–5

GL *pustet noch einmal das Windrad.*

Danke, Kinder!
Schön, wie ihr mitgemacht habt. Alle noch einmal pusten, daß man den Atem spürt, den Wind, den neuen Geist von Pfingsten!
Alle noch einmal rütteln und schütteln.
Und wenn ihr hinausgeht, dann redet miteinander, daß man das Brausen hört, das Brausen von vielen Stimmen . . .

---

1 Nach *Waltraud Schneider*, Getanztes Gebet, Verlag Herder, Freiburg [2]1988, S. 14f.

Alle Kinder der Klassen 3 und 4 sind herzlich eingeladen zum Schulgottesdienst

Mutter Erde

Thema: Die Erde, eine kostbare Gabe Gottes
Text: Genesis 2,15 (bebauen/bewahren; pflegen/schützen)
Leitmedium: Erde konkret
Leitlieder: Braune schöne Erde – Alle gute Gabe – Solange die Erde steht – Gott gibt Gedeihen
Meditative Mitte: Spiel von Erde, Erd-Gaben und Mensch
Anlaß: Erntedank
Vorbereitung: Auf dem Altar (oder vor dem Altar) ist auf einer Folie ein Sack guter wohlriechender Gartenerde ausgeschüttet und so ausgebreitet, daß möglichst viele Kinder Zugang gewinnen können. Sechs Spielerinnen/Spieler (die Erde, die Ähre, die Sonnenblume, der Apfel, die Kartoffel, der Mensch) sind ausgewählt und auf ihre Texte eingestellt. Die Rollen der Erde und des Menschen wird von je einem besonders sprach- und darstellungsfähigen Kind wahrgenommen. Viele begleitende Instrumente (auch von Lehrerinnen/Lehrern gespielt) sind für diesen Gottesdienst ebenso erwünscht wie ein Liedblatt in der Hand der Kinder. Vorbereitendes Singen in allen Klassen empfiehlt sich. Der Erntetanz muß unter allen Umständen von einer Gruppe/Klasse vorher sehr sorgfältig eingeübt sein.

VERLAUF

Während die Orgel (Gitarre) über das Eingangslied präludiert, ziehen die Spielerinnen/Spieler nacheinander ein, die Erde mit einem braunen Umhang, die übrigen ihre Symbole – eine schöne Weizen- oder Roggenähre / eine Sonnenblume / einen roten Apfel aus dem Garten / eine große gewaschene Kartoffel – in der Hand. Der Mensch trägt einen Korb. Spielerinnen/Spieler umziehen den Altar, setzen sich dann in die vordere Reihe.

Begrüßung

GL Wir feiern heute miteinander das Dankfest für die Ernte, das Ernte-Dankfest. Ich lade euch ein, mit mir zusammen für die Erde zu danken. Darum haben wir die Erde selbst zu uns hereingeholt. Wir wollen sie auch sprechen lassen. Die Erde ist es, die alles hervorgebracht hat, wofür wir beim Erntedankfest danken. Aus der Erde ist es gewachsen. Gott hat es wachsen lassen. Denkt einmal nach über all das, was aus der Erde wächst. Nennt es mir.

Kinder rufen zu, nennen u. U. dabei schon die vier Erntegaben dieses Gottesdienstes: Ähre – Kartoffel – Apfel – Sonnenblume.

GL Wir wollen das Lied von der Erde singen:

Eingangslied

Geringfügig abgewandelter Refrain des Liedes „Eine Handvoll Erde" von Reinhard Bäcker; Melodie: Detlev Jöcker

GL *lenkt den Blick der Kinder auf die Erde vorn:*

Unsere Erde dort ist besondere Erde, Mutter-Erde.
Wozu braucht man Muttererde?

Kinder können u.a. sagen: Um Blumen oder Gemüse zu säen, zu pflanzen, damit es besonders gut wächst.

GL Eine Erde, auf der es wächst,
aus der es wächst,
ist lebendige Erde.
Muttererde ist lebendige Erde.

Die Erde tritt in die Mitte des Altarraumes.

Ich bin die Erde, dunkel und warm:
Aus mir wächst alles hervor.
Ich bin die Mutter Erde.
Leben kommt aus mir.

Heute bin ich bei euch.
Und hier geht es mir gut.
Weit ausgebreitet bin ich.

Ich kann atmen.
Ich bin feucht,
voller Wasser.
So vieles kann keimen und wachsen.

Dort draußen aber, vor der Tür,
dort ist es schon ganz anders.
Dort hat man mich zubetoniert oder mit Asphalt überzogen.
Dort bekomme ich kaum noch Luft.
Dort kann ich nicht mehr atmen.
Und darum kann auch nichts wachsen aus mir.

Anderswo in der Welt,
da bin ich ganz verkrustet,
ganz vertrocknet, ganz rissig und hart.
Dort gibt es kein Wasser in mir.
Die heiße Sonne brennt Tag für Tag.
Dort bin ich verdurstet.
Nicht ein Hälmchen wächst aus mir.

Die Erde duckt sich, kriecht gewissermaßen in sich zusammen.

Anderswo bin ich krank,
z. B. durch schmutziges Öl, das einfach ausgegossen wurde.
Meine Poren sind verstopft. Ich ersticke.

Anderswo bin ich krank durch Dreckwasser,
das aus Fabriken kommt. Es sickert ein in mich.
Dort bin ich vergiftet.
Anderswo hat man Bäume gefällt, ganze Wälder.
Dort sind keine Wurzeln mehr, die mich halten.
Dort bin ich weggespült.
Und nichts kann mehr wachsen.

Die Erde richtet sich langsam wieder auf.

Ja, ich bin in Gefahr.
Nicht überall geht es mir gut, so wie hier bei euch.
Nicht überall ist es so schön.

Die Erde dehnt sich, streckt die Arme aus.

Hier bin ich frei.
Ich bin eure Erde, die Erde aller Menschen.
Ihr habt mich.

Ihr besitzt mich.
Ihr geht und steht auf mir.
Von Gott bin ich geschaffen.
Gott will, daß alles wächst aus mir,
gute Gaben Gottes.

Lied

Braune schöne Erde,
schau sie dir an.
Gott sprach einst: „Es werde!"
Denke daran!

GL Alles hat die Erde hervorgebracht,
wie eine große gute Mutter.
Sie ist kostbar.
Gehe behutsam um mit ihr.
Gib acht auf sie.
Sie ist uns anvertraut.

GL *fordert jetzt alle Kinder auf, nach vorn zu kommen und sich um das große Erd-Feld zu versammeln (bei sehr vielen Kindern nacheinander in 2 oder 3 Gruppen). Mit lebendigen und einladenden Bewegungen beteiligt sich die Erde an der Aufforderung.*

GL Da siehst du sie, die Erde.
Da hast du sie...
Lege deine Hände auf sie...
Spüre sie...
Fühle sie...
Schau, wie deine Hände sich abdrücken in der Erde...

Nimm ein wenig von der Erde zwischen deine Finger...
Reibe sie...
Fülle deine ganze Hand mit der Erde...
Rieche sie...
Wohlriechend ist die Muttererde...
Wiege die Erde in deiner Hand...
Halte sie...
Offen liegt sie vor dir...
Streichle sie...

Habe sie lieb...
Die Erde in deiner Hand ist Gottes Erde.

Aus dieser Erde in deiner Hand
kann etwas wachsen:
Blumen können wachsen,
Gräser...
Ähren...
Gemüse kann wachsen,
Bäume können wachsen.
Alles kommt hervor aus der Erde.
Alles wächst aus ihr.
Wie das Kind im Leib der Mutter wächst.
Wie eine Mutter ist die Erde.
Gott hat die Erde in deine Hand gegeben.
Bewahre sie.
Gehe behutsam um mit ihr.
Tu ihr nichts zuleide.

Höre auf sie;
sie spricht zu dir:

Erde: Ich freue mich,
daß ihr eure Hände auf mich gelegt habt,
daß ihr mich in eure Hand genommen habt,
daß ihr mich angefaßt habt,
daß ihr euch mit mir befaßt habt.
Ich bitte euch,
geht immer so lieb, so freundlich, so behutsam mit mir um.

Ich bin wie eine Mutter.
Alles ist in mir: Samen, Zwiebeln, Knollen, Wurzeln.
Ich decke es zu. Ich schütze alles.
Im Winter lasse ich alles ruhen.
Aber dann, im Frühjahr, im Sommer:
Dann keimt es und wächst.
Und es wächst aus mir heraus
und wächst und blüht und gedeiht.

GL *fordert die Kinder auf, die Erde zurückzugeben:*

Und jetzt gib die Erde aus deiner Hand zurück.
Ganz behutsam,
daß nichts verlorengeht.

Sie ist kostbar.
Erde kommt zur Erde.

Ein wenig Erde bleibt zurück in deiner Hand.
Freue dich daran.
Es ist deine liebe Erde.
Du hast sie noch bei dir
– für eine Zeit.

Die Kinder gehen an ihre Plätze zurück.

GL Wenn du behutsam mit ihr umgehst,
mit der lieben Mutter Erde,
dann schenkt sie Leben,
dann wächst es und blüht und gedeiht.
Dann können wir schöne Gaben ernten.

Die vier Erd-Gaben treten nacheinander im Altarraum auf. Jedesmal, wenn eine Gabe spricht, stellt die Erde sich dahinter. Abschließend begibt sich die Erde wieder in eine Mittelposition hinter die vier Gaben.

Kartoffel: Tief in der Erde hab ich gelegen.
Dort bin ich gewachsen.
Jetzt bin ich groß und gelb und schwer,
wohlschmeckend für euch alle.

Ähre: Ich bin aus einem Korn geworden.
Als Halm bin ich gewachsen.
Viele Körner sind in mir.
Daraus wird Mehl und Brot.

Apfel: Ich bin der Apfel, prall und rund.
Grün und rot sind meine Farben.
Am Apfelbaum bin ich gewachsen.
Der Baum kam aus der Erde.
Ich will, daß ihr mich gern mögt, Kinder.
Beißt nur kräftig zu!

Sonnenblume: Strahlen habe ich wie die Sonne.
Ich leuchte hell für euch.
Sonnenblume ist mein Name.
Ich bin aus der Erde gekommen.
Freuen sollt ihr euch an mir.
Aus meinen Kernen gewinnt man Öl.

GL All das kommt aus der Erde,
der Mutter Erde.
All das kommt von Gott.

Was nah ist und was ferne, von Gott kommt alles her,
der Strohhalm und die Sterne, das Sandkorn und das Meer.
Von ihm sind Büsch' und Blätter und Korn und Obst von ihm,
das schöne Frühlingswetter und Schnee und Ungestüm.

Lied

Alle gute Gabe…

(mehrmals gesungen)

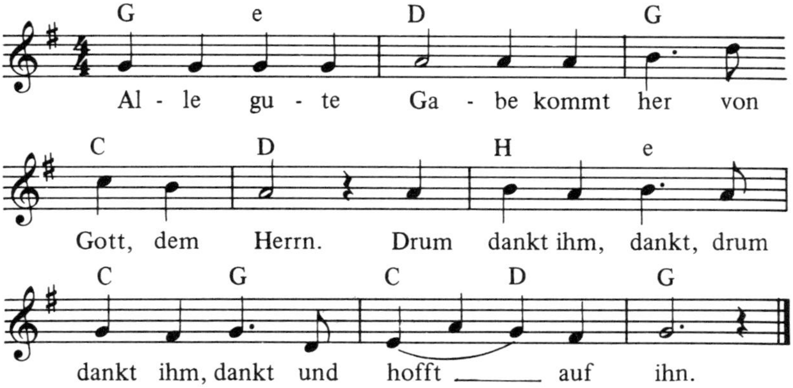

Text: Matthias Claudius
Melodie: Hannover 1800

Der Mensch tritt auf (mit Korb).

Mensch: Ich bin ein Mensch – wie du.
Auch ich bin ein Teil der Erde – wie du.
Gott hat uns gemacht.
Gott hat uns besondere Fähigkeiten gegeben.
Wir können sehen, hören, denken, fühlen.
Wir haben Hände.

zur Erde gewandt:

Mit unseren Händen haben wir dich gefühlt,
Mutter Erde.
Wir wollen, daß du lange, lange lebst.
Dazu bist du von Gott gemacht.
Wir wollen dich umgraben,
dich bepflanzen, dich gießen…
Kein Krieg soll auf dir wüten, kein Unrat dich ersticken.

Gebet

Mensch: Ich will Gott für seine, für meine Erde danken.
Danke, Gott.
Aus deiner Erde wachsen die Ähren.
Deshalb habe ich Brot zu essen.
Aus deiner Erde wachsen Blumen.
Ich kann mich freuen an ihnen.
Am Baum wachsen rote, knackige Äpfel
und auf dem Feld Kartoffeln
für den Mittagstisch.
Alles schmeckt so gut.
Dank, Gott, Dank.
Danke für diese schöne, gute Erde,
auf der ich leben kann.
Amen.

Erde: Soviele freundliche Worte
habe ich lange nicht gehört.
Danke, Kinder,
danke, lieber Mensch,
daß du an mich denkst.

Die Erntegaben treten zum Menschen, sprechen ihn an:

Kartoffel: Wie du siehst, bin ich die Kartoffel,
eine einfache Kartoffel.
Aber fast täglich bin ich auf deinem Mittagstisch.
Ich bin eine Gabe der Erde.
Darum gib acht auf mich.
Pellkartoffeln, Reibekuchen, Kartoffelsuppe
und Püree sollen dir noch lange schmecken.

*Die Kartoffel wird dem Menschen in die Hand gegeben.
Der legt sie in seinen Korb.*

Ähre: Wie du siehst, bin ich die schlanke, stolze Ähre.
Aus meinen Körnern kommt das Mehl.
Deshalb bin auch ich wichtig für dich, Mensch.
Gib acht auf mich.
Pausenbrot und Sonntagskuchen
sollen dir noch lange schmecken.

Die Ähre wird dem Menschen gegeben. Der legt sie in seinen Korb.

Sonnenblume: Gelb und strahlend stehe ich vor dir.
Ich will deinen Garten schmücken
und dir mein Öl schenken.
Darum gib acht auf mich.
Mit meinen Strahlen und kostbaren Kernen
will ich dich jedes Jahr erfreuen.

Die Sonnenblume wird dem Menschen in die Hand gegeben. Der legt sie in seinen Korb.

Apfel: In meine schönen roten Backen
kannst du hineinbeißen.
Ein knackiger Kerl wie ich
bringt dir Gesundheit ins Haus.
Darum gib acht auf mich.
Bratapfel und Apfelmus sollen dir noch lange schmecken.

Der Apfel wird dem Menschen in die Hand gegeben. Der legt ihn in seinen Korb, geht dann zum Altar und legt die Gaben auf die Erde. Dann tritt er zurück.

GL *zu den Kindern:*

Gebt acht auf Gottes Erde, Kinder! Sorgt für sie!
Paßt gut auf sie auf!
Gott hat es uns Menschen versprochen:
Die Erde soll bleiben. Sie soll nicht zerstört werden.
Von diesem Versprechen Gottes singen wir jetzt ein Lied.

Kanon

Kanon 4st., überliefert

GL Es ist schön,
daß Gott die Erde
für uns erhalten will,
Tag für Tag,
Jahr um Jahr.
Darüber freuen wir uns.

Wer sich freut,
kann vor Freude...

Kinder fallen ein (. . . singen, klatschen, tanzen...).

GL Genau!
Wir tanzen!

Erde, Erd-Gaben und Mensch treten zur Seite.

Erntetanz

Phase 1
Die Kinder der Tanzgruppe (eine gerade Zahl ist notwendig) stellen sich auf. Sie haben zu zweit abgezählt. Im Rhythmus der Musik (Singen und Klatschen der übrigen Kinder) beginnen die Kinder mit der Nr. 2 jeweils von innen her die Kinder mit der Nr. 1, die stehenbleiben, zu umschreiten. Erst innen, dann außen!

Text und Melodie: Dietrich Steinwede

Dies, bis sie an ihrem Ausgangsort wieder angelangt sind. Nun umgekehrt: Die Kinder der Nr. 1 beginnen die Kinder mit der Nr. 2 zu umschreiten...

Phase 2
Sind auch diese Kinder an ihren Ausgangsort zurückgekehrt, wenden sie sich (gegen die Tanzrichtung!) den Kindern der Nr. 2 zu. Man reicht sich einander die rechte Hand und umschreitet nun (immer im

Rhythmus von Musik, Singen und Klatschen) einander – rechte Hand/linke Hand – rechte Hand/linke Hand usw. bis zum Ausgangspunkt . . .

Das Ganze kann beliebig oft wiederholt werden.

Schön ist es, wenn alle übrigen Kinder zu einem großen zweiten Kreis eingeladen werden, in dem sie (in Gegenrichtung zum Tanzkreis) klatschend und singend einfach nur gehen.

Zu einem gegebenen Zeitpunkt werden alle zum Innehalten aufgefordert.

Segen

GL Wie ein Vater für seine Kinder sorgt,
so sorgt Gott für euch.
Er behütet euch, paßt auf euch auf.
Das ist sein Segen.
Gott segne uns alle
und die gute Erde, die uns trägt.
Amen.

Schlußkanon

Text und Melodie: Dietrich Steinwede

dazu 4st. Satz für Instrumente oder Chor

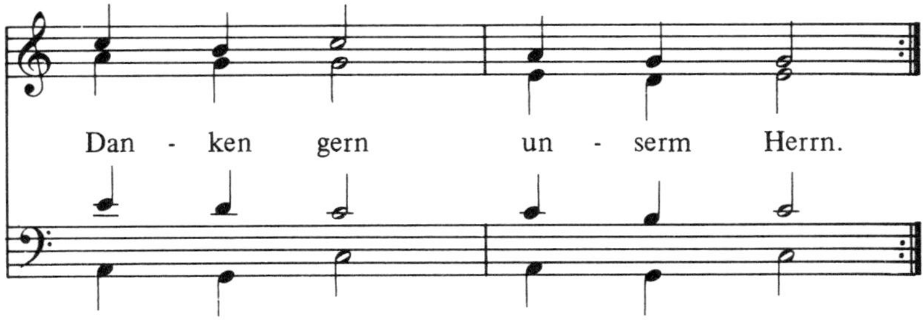

Alle Kinder der Klassen 1–4 sind
herzlich eingeladen zum Schulgottesdienst
Martin, Martin, teil mir zu

Thema: Glaube/Demut/Barmherzigkeit – Martin von Tours, ein Urbild

Leitlieder: Es war im tiefen Winter – Martin, Martin, guter Mann

Meditative Mitte: Szenisch-musikalische Darbietung der Mantelteilung – Darbietung von ausgewählten Martinslegenden

Anlaß: Martinstag im November

Vorbereitung: Vier oder mehr besonders große Laternen, die Aufschriften tragen (je ein Wort, z. B. „Teilen" – „Himmel" – „Frieden" – „Dienen" – „Armut" – „Furchtlosigkeit") sind angefertigt. Kinder für Chor 1 bis Chor 3 sind bestimmt und auf ihre Aufgaben eingestellt (Alternative: Chor 1 und Chor 2 zusammen bilden Chor 3), ebenso mit entsprechenden Textblättern die 6 Sprecherinnen/Sprecher (Erwachsene bzw. Kinder, die besonders gut und laut lesen können).
Die Kurztexte für Sprecher(in) 6 sind auf einem besonderen Blatt zusammengefaßt. Liedblätter für alle liegen bereit. Ein akustisches Signal (Glockenzeichen!) vom Metallophon oder Glockenspiel dient zur Orientierung der Kinder über die Abläufe. Verbale Regulierungen erübrigen sich dadurch.
Der Gottesdienst (er hat erzählenden Charakter, er fordert insgesamt eine relativ kurze Vorbereitungszeit) schließt eine Kollekte ein (die Kinder aller Klassen sind vorher darüber informiert). Die Sprecherpartien (Meditative Mitte II) lassen sich auch kürzen!

VERLAUF

Während die Kinder hereinkommen, präludieren Orgel/Instrumente über das Eingangslied.
Wenn alle Kinder auf ihren Plätzen ruhig geworden sind, ziehen die Kinder aus den Vorbereitungsgruppen, die den Gottesdienst mitgestalten, ein – und zwar in folgender Reihenfolge:

Chor 1 (mindestens 6 Kinder)
Chor 2 (mindestens 6 Kinder)
Chor 3 (mindestens 4 Kinder mit den brennenden Laternen)
Sprecher(innen) (maximal 6, andernfalls so aufgeteilt, daß Sprecherrollen in Wiederholung wahrgenommen werden)

Die Gruppen nehmen im Altarraum Aufstellung (nach den örtlichen Gegebenheiten unterschiedlich), z. B. so:

Chor 1 | Altar | Chor 2

Chor 3 mit Laternen

GL | Sprecher/Erzähler

Eingangslied

(zunächst von den Kindern aus Chor 3, dann, nachdem Strophe 2 einmal vorgesprochen worden ist, von allen gesungen)

2.: Laterne, Laterne, den Martin hab' ich gerne.
Brenne...
3.: wie Strophe 1

GL Ich begrüße euch, liebe Kinder. Einen Martins-Gottesdienst wollen wir heute feiern. Gott helfe uns dazu, daß wir ihn gut feiern.

Meditative Mitte I

Chor 1–3 im Wechsel (mit Instrumenten)

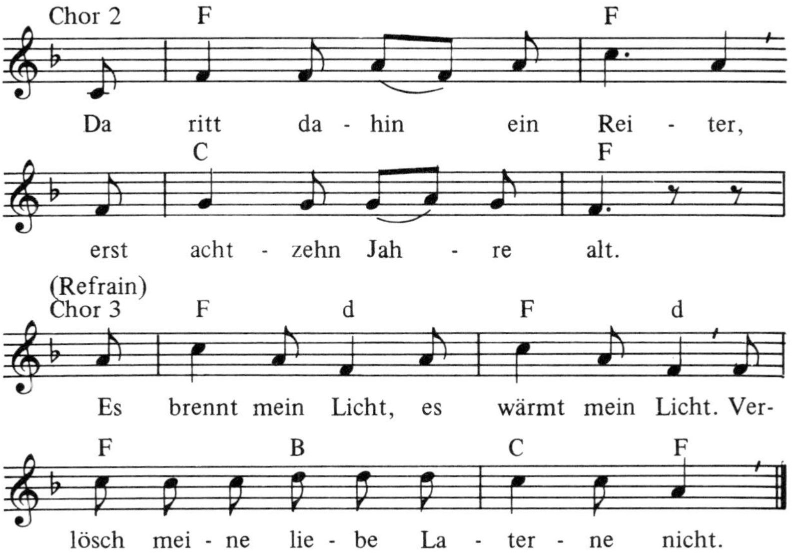

Chor 1 Die Winterstürme treiben im Land ein böses Spiel.
Chor 2 Der Ritter Martin reitet, ihn kümmern sie nicht viel.
Chor 3 Refrain
Chor 1 Ein schöner weiter Mantel umhüllt ihn weich und warm.
Chor 2 Da steht am Weg ein Bettler und friert, daß Gott erbarm.
Chor 3 Refrain
Chor 1 Es wär vorbeigeritten gar mancher andre Mann,
Chor 2 doch Martin zieht am Zügel. Sein treues Pferd hält an.
Chor 3 Refrain
Chor 1 Der junge Reiter Martin auf seinem hohen Pferd
Chor 2 sieht auf den Bettler nieder. Er zieht sein blankes Schwert.
Chor 3 Refrain
Chor 1 Er nimmt sich seinen Mantel, tut einen guten Schnitt.
Chor 2 Mit seinem Schwert teilt Martin den Mantel in der Mitt'.
Chor 3 Refrain
Chor 1 Die Hälfte seines Mantels gibt Ritter Martin gern
Chor 2 dem, der da bebt vor Kälte. Er gibt sie Gott, dem Herrn.
Chor 3 Refrain

Text: Josef Guggenmoos
Melodie: aus Holstein

GL Ihr kennt ja alle diese alte, berühmte Geschichte von der Mantelteilung. Warm sollte es der frierende Bettler haben. Martin wollte für sich selbst nicht mehr Wärme als für den zitternden armen Mann. Er hat uns gezeigt, daß geteilte Wärme mehr ist als Wärme für sich allein.

Lied

Laterne, Laterne, den Martin hab' ich gerne (Strophe 2 des Eingangsliedes)

Meditative Mitte II

Sprecher(in) 1:

Martins Kindheit und Jugend

Weit mehr als 1600 Jahre ist es her, daß Martin unter den Menschen lebte.
Es ist die Zeit zwischen den Jahren 300 und 400.
Damals sind die Römer immer noch die Herren der Welt.
Martin wird in einer römischen Provinz geboren,
im heutigen Ungarn.
Martins Vater ist Offizier in der römischen Armee.
Martins Eltern beten zu den römischen Göttern.

Mit 12 Jahren lernt Martin die Christen kennen.
Er hört, wie sie von Jesus erzählen,
der zu den armen Menschen kam.
Martin möchte zu den Christen gehören.
Aber seine Eltern sind nicht damit einverstanden.
Mit 15 Jahren wird Martin Soldat bei den Römern.
Sein Vater will es so.

Soldaten damals, das sind oft grobe Kerle,
vor denen die Leute Angst haben.
Wenn diese Soldaten durch die Straße kommen,
macht man ihnen vorsichtshalber Platz.
Man kann ja nicht wissen, ob man einen Fußtritt abbekommt
oder einen Ellenbogen in die Seite.

Martin kommt zu den römischen Reitern.
Er wird ein guter Soldat.
Mit 18 Jahren ist er bereits Offizier bei den Reitern.

Aber Martin hat keine Freude am Krieg.
Er liebt den Frieden. Immer ist er freundlich.
Wenn einer in Not ist, hilft Martin ihm.
Alle haben ihn gern.
Martin hat einen einfachen Soldaten als Diener.
Aber seltsam: Martin dient seinem Diener.
Oft putzt er ihm die Schuhe.

GL Glockenzeichen

Sprecher(in) 6:

Martin ist ein guter Mann.
Er ist nicht stolz.
Er putzt seinem Diener die Schuhe.

GL Glockenzeichen

Liedruf (Strophen 1–3)

Alle, nachdem (z. B. auf einem Glockenspiel) vorgespielt, vorgesungen und eingesungen ist:

2. Martin, Martin,
   frommer Mann,
   halt dein Pferd
   auch für mich an.
3. Martin, Martin,
   teil mir zu.
   Lehr mich teilen,
   so wie du.

Text Str. 1: nach Wilhelm Willms
Str. 2–3 und Melodie: Dietrich Steinwede

GL Glockenzeichen

Sprecher(in) 2:

Wie Martin den Mantel teilt

Und dann geschieht es im Jahr 334:
Die römischen Reiter sind in einer Stadt in Frankreich (in Amiens).
Der Offizier Martin hat einen Auftrag zu erfüllen.
Mit einigen Reitern ist er unterwegs.
Es ist ein eiskalter Wintertag.

Er reitet durch das Stadttor.
Da sitzt dort draußen am Weg der Bettler,
kaum bekleidet, frierend.
Menschen gehen vorbei.
Der Bettler hebt die Hände. Er bittet und fleht.

Martin trägt den Offiziersmantel,
einen weißen Umhang.
Das ist sein ganzer Besitz.
Sein Geld hat er längst verschenkt.
Martin greift zum Schwert.
Er nimmt seinen Umhang.
Er schneidet ihn mittendurch.
Er gibt die Hälfte dem Bettler:
„Da, nimm! Wärme dich!"

Die Menschen lachen: „Was soll denn das?
Das ist ja eine seltsame Gabe."

Der Arme kann sich umhüllen.
Dankbar schaut er den römischen Reiter an.

In der Nacht darauf hat Martin einen Traum:
Jesus Christus, der, zu dem die Christen beten,
steht vor ihm und spricht:
„Martin, was du diesem Bettler getan hast,
diesem Ärmsten unter den Armen,
das hast du mir getan!"

Und Martin sieht:
Christus trägt *seinen* Umhang,
das abgeschnittene weiße Stück.

Martin wacht auf. Er weiß:
Dies war ein Traum von Gott.

Von jetzt an hat Martin nur noch einen Wunsch:
Ich möchte ein Christ sein. Ich möchte endlich getauft werden.

Und Martin erhält die Taufe. Mit 18 Jahren.
Jetzt gehört er ganz zu Christus.
Jetzt ist er ein Christ.

GL Glockenzeichen

Sprecher(in) 6:

Martin ist ein guter Mann.
Er hat das Schwert nicht zum Kämpfen,
sondern zum Teilen gebraucht.

GL Glockenzeichen

Liedruf (Strophen 1–3)

Martin, Martin, guter Mann...

GL Glockenzeichen

Sprecher(in) 3:

Wie Martin den Kriegsdienst verweigert

Viele Jahre später:
Krieg ist in Frankreich zwischen Römern und Germanen.
Der römische Feldherr zieht alle Truppen zusammen.
Auch die Reiter sind dabei. Auch Martin ist dabei.
Es ist am Abend vor der Schlacht.
Morgen werden sie kämpfen.
Der Feldherr läßt Geld verteilen, damit sie besser kämpfen.
Jeder Soldat wird vorgerufen. Er bekommt ein Goldstück.

Auch Martin wird vorgerufen.
Der schaut seinen Feldherrn an: „Ich will kein Geld.
Ich will auch kein Soldat mehr sein. Entlasse mich.
Bis heute habe ich dir gedient. Jetzt will ich Gott dienen.
Ich bin jetzt ein ‚Soldat' für Christus."

Voller Wut fährt der Feldherr ihn an:
„Du bist ein Feigling! Du willst dich drücken vor der Schlacht.
Du hast Angst!"
„Nein", sagt Martin. „Ich habe keine Angst.
Wenn du meinst, ich sei feige,

dann stelle mich morgen vor die Schlachtreihe,
vor alle anderen hin.
Ohne Waffen! Ganz nach vorne!
Und wenn die Germanen kommen,
dann werde ich ihre Schlachtreihen durchbrechen
ohne Schild, ohne Schwert, ohne Helm,
allein mit einem einzigen Zeichen,
mit dem Zeichen des Kreuzes,
an dem Jesus, mein Herr, gestorben ist."

Der Feldherr ist sehr erstaunt, als er das hört:
„Das will ich sehen!"
Und er befiehlt: „Nehmt diesen Offizier fest!
Sperrt ihn ein über Nacht, daß er nicht flieht!"

Die ganze Nacht liegt Martin im Kerker.
Er betet zu Christus, seinem Herrn.

Am nächsten Morgen senden die Germanen Boten.
Sie wollen Frieden. Sie unterwerfen sich.
Es gibt keine Schlacht. Martin hat gesiegt. Ohne Waffen.
Die Uniform aber legt er jetzt ab.
Den weißen Offiziersmantel trägt er nicht mehr.
Er dient dem römischen Kaiser nicht mehr.
Er dient nur noch Gott.

GL Glockenzeichen

Sprecher(in) 6:

Martin ist ein guter Mann.
Er hat das Schwert beiseitegelegt.
Er wollte keinen Krieg mehr.

GL Glockenzeichen

Liedruf (Strophen 1–3)

Martin, Martin, guter Mann...

GL Glockenzeichen

Sprecher(in) 4:

Wie Martin zum Bischof gewählt wird

Wieder vergehen Jahre.
Ein Bischof hat Martin gezeigt, wie man als Christ lebt.

Martin versucht, andere Menschen zu Christus zu holen.
Seine Mutter wird eine Christin.
Martin ist viel unterwegs.
Er hilft den Menschen, wo er kann.
Er scheut keine Gefahr.
Einmal fällt er unter Räuber.
Er wird gerettet.
Martin läßt sich beschimpfen.
Feinde der Christen peitschen ihn aus.
Martin hält alles aus.
Er lebt wie ein Mönch.
Im Wald hat er sich eine kleine Holzhütte gebaut.
Dort lebt er ganz arm, ganz einfach.
Er schläft auf der Erde.

Es kommen Menschen zu ihm,
die genauso leben wollen wie er,
ganz arm und ganz einfach.

Es geschieht in der Stadt Tours, in Frankreich:
Die Christengemeinde dort braucht einen Bischof.
Viele sagen: Martin soll unser Bischof sein.
Sie senden Boten zu ihm.
„Nein, ich komme nicht", antwortet Martin: „Ich bin nichts wert.
Ich bin ein einfacher Mensch. Ich kann nicht Bischof sein."

Martin will in seiner Hütte bleiben.
Da wirft sich einer vor ihm auf die Knie:
„Meine Frau ist krank! Martin, komm! Hilf ihr!"

Da kommt Martin.

In der Stadt Tours sind die Bischöfe der anderen Städte
versammelt. Sie halten Rat.
Einige sind gegen Martin.
„Wie sieht er schon aus, dieser Martin", sagen sie,
„häßlich, armselig, mit ungepflegten Haaren."

Die einfachen Menschen von Tours aber rufen laut:
„Wir wollen Martin zum Bischof!"

Da wird Martin gewählt.

„Gut", sagt er, „ich will euer Bischof sein.
Eins aber sage ich gleich: Ich lebe weiter so wie bisher."

Und so kommt es: Martin bleibt arm und demütig.
Er wohnt in einer Zelle nah bei der Bischofskirche von Tours.
Niemals sitzt er in der Kirche auf dem prächtigen Bischofsstuhl.
Immer nur auf einem kleinen Hocker.

Viele Menschen finden das erstaunlich.
Sie besuchen ihn. Sie bedrängen ihn. Es sind zu viele.
Martin sucht einen Ort der Ruhe.
Am Ufer des Flusses außerhalb der Stadt ist eine steile Felswand.
Der Ort ist ganz einsam. Mönche schlagen Löcher in die Felswand.
Höhlen werden daraus, Mönchszellen.
Ein erstes Kloster entsteht.
Hier will Martin bleiben.

Bald leben hier achtzig Mönche.
Alles gehört ihnen gemeinsam. Sie beten und fasten.
Niemand trinkt Wein. Sie halten Gottesdienst.
Viele tragen ein Gewand aus Kamelhaaren –
wie Johannes der Täufer es trug.
Viele sind unter ihnen, die früher reich und vornehm waren.

GL Glockenzeichen

Sprecher(in) 6:

Martin ist ein guter Mann.
Nie hat er nach Reichtum gestrebt.
Immer wollte er arm sein.

Liedruf (Strophen 1–3)

Martin, Martin, guter Mann...

GL Glockenzeichen

Sprecher(in) 5:

Martins Tod

Martin hat ein gütiges Herz.
Er ist voller Liebe zu den Menschen.
Er ist geduldig.
Gegen sich selbst aber ist er streng, ja hart.
Er schläft auf der nackten Erde.

Martin ist mutig.
Er fürchtet den römischen Kaiser nicht.

Er fürchtet auch die anderen Bischöfe nicht.
Wenn sie etwas tun, das Martin für falsch hält,
dann sagt er es ihnen.

Martin ist mehr als achtzig Jahre alt.
Er sieht seinen Tod voraus.
Wieder ist er auf Reisen – zu einem Ort am Fluß.
Er will dort einen Streit schlichten.
Da verlassen ihn die Kräfte! „Ich werde sterben."
Martin weiß es. Er sagt es den Brüdern.
„Warum verläßt du uns, Vater?"
Die Brüder sind voller Angst.

Martin betet. Er liegt auf einem Lager mit Asche.
Er ist zugedeckt mit einem Sack.

Die Brüder wollen ihm etwas Stroh aufschütten:
„Dann liegst du weicher, Vater."

„Nein", sagt Martin, „ich will in Sack und Asche sterben."

Martin betet. Er will sich auch nicht zur Seite drehen.
Er liegt auf dem Rücken. Er schaut zum Himmel empor.

Martin stirbt am 8. November des Jahres 397.
Sein Angesicht leuchtet...
Den Leichnam bringen sie mit dem Schiff nach Tours.
Dort wird Martin begraben. Viele Menschen sind in tiefer Trauer.

In der Stadt Tours in Frankreich
wird Martin noch heute ganz besonders verehrt.

GL Glockenzeichen

Sprecher(in) 6:

Martin ist ein frommer Mann.
Bis zum Tod hat er sich nur an Gott gehalten.

GL Glockenzeichen

Soviel gibt es von Martin zu erzählen, liebe Kinder. Einige Beispiele haben wir nun gehört. Martin hat uns gezeigt, wie man teilen kann, in Frieden leben kann, einem anderen dienen kann, wie man arm sein kann und ohne Furcht. Wirklich, Martin hat Lichter angezündet in der Dunkelheit, Lichter für alle Zeiten. Unsere brennenden Laternen sind Zeichen dafür: Licht soll sein in der Dunkelheit!

Gebet

GL Gott, lieber Gott,
am Beispiel von Martin haben wir gesehen,
wie man gut leben kann.
Das hat uns beeindruckt.
Hilf uns nun, von Martin zu lernen.
Wir haben gesehen,
daß geteilte Wärme mehr ist als Wärme allein.
Gib auch uns warme Herzen,
daß wir die Nöte anderer Menschen sehen.
Danke, daß du uns genug gegeben hast,
daß auch wir teilen können.
Hilf, daß wir es tun.
Amen.

Die Kinder von Chor 3 umziehen den Altar mit ihren Laternen. Sie singen dabei noch einmal „Laterne, Laterne", Str. 1–3. So ziehen sie auch, gefolgt von Chor 1/2 und den Sprechern, hinaus. Dabei können sie – symbolisch – ihre Laternen an andere Kinder verschenken.

GL Kinder, schaut her: Hier vorn ist eine große Dose aufgestellt. Da könnt ihr etwas hineintun. Wir sammeln für arme Kinder in... Wir sammeln für „Brot für die Welt" / für „Adveniat".

Die Kinder folgen dieser Aufforderung, kommen nach vorn... Dann:

Segensbitte

GL Gott, unser lieber Herr, segne uns alle:
Schenke uns Frieden, Wärme,
Kraft zum Teilen.
Gib Licht in unsere Herzen.
Sei uns ein Licht auf unserem Weg.
Amen.

Schlußlied

(jetzt mit Refrain von allen nach Liedblatt gesungen)

Es war im tiefen Winter...

(Dieser Gottesdienst kann auch zur Eröffnung eines Martinszuges gehalten werden. Dann entzünden alle Kinder ihre mitgebrachten Laternen, bevor sie ausziehen.)

Alle Kinder der Klassen 3 und 4 sind herzlich eingeladen zum Schulgottesdienst

Weine nicht

Thema: Hoffnung über den Tod hinaus

Text: Lukas 7,11–17: Die Mutter des jungen Mannes aus Nain; dazu Römer 14,8

Leitlieder: Erde zu Erde – Wo sind die Toten? – Christ ist erstanden

Meditative Mitte: Atemübung / Symbolhandlung / Liedzeilen / Erzählung / Erörterung

Anlaß: Ende des Kirchenjahres (November)

Vorbereitung: Der Gottesdienst hat meditativen Charakter. Größere Aktionen der Kinder sind nicht vorgesehen. Bereitgestellt ist Orff'sches Schulwerk: Metallophon (Xylophon/Glockenspiel) mit ‚h' ausgelegt. Einige Kinder haben die Melodien der 3 Leitlieder entsprechend eingeübt. Das meditative Einsingen der Leitlieder während des Gottesdienstes kann durch eine Musiklehrerin/einen Musiklehrer erfolgen. Sorge getragen ist auch für die Darbietung meditativer Musik. Auf dem Altar brennt *eine* Kerze.

VERLAUF

Während die Kinder hereinkommen, präludiert die Orgel (eine Gitarre) verhalten über das Leitlied „Wo sind die Toten?", läßt die Liedzeile „Christ ist erstanden" dabei aufleuchten.
Anstelle eines Eingangsliedes wird eine meditative Musik (Improvisation Orgel/Gitarre oder von Schallplatte/Kassette) gespielt.

GL Wir denken an den Tod heute, Kinder, an die Menschen, die gestorben sind, die Toten. Wir werden still, ganz still. Wir horchen in uns hinein. Wir lassen uns nicht stören. Ganz still sind wir.

Meditative Mitte

GL *hebt beim angeleiteten Einatmen die Hand, senkt sie beim Ausatmen:*

Ich horche auf meinen Atem...
Ich lasse ihn kommen,
ganz in mich hinein.
Ich halte ihn an.
Der Atem füllt mich ganz aus.
Er bleibt eine Weile in mir...

Jetzt lasse ich den Atem gehen,
atme aus, ganz aus,
bis ich ganz leergeatmet bin.

Jetzt halte ich an,
atme nicht mehr ein,
solange es geht...

Der Atem steht still. Ich bin ganz leer...
Dann lasse ich den Atem wieder kommen...

Wenn mein Atem aber wirklich und auf immer stillsteht,
wenn meine Brust sich nicht mehr hebt und senkt,
wenn mein Herz nicht mehr pocht,
wenn ich niemals mehr einatmen kann,
wenn ich nicht mehr hören, schmecken,
fühlen, sehen kann,
nicht mehr sprechen, singen oder lachen,
dann bin ich tot.

GL *nimmt behutsam die brennende Kerze vom Altar, hält sie ganz still, bläst sie vor den Augen der Kinder aus.*

GL Ausgeblasen ist das Licht, ausgelöscht.
Von einem Augenblick zum anderen.
So ist das mit dem Leben des Menschen,
es ist zu Ende, von einem Augenblick zum anderen.
Plötzlich ist es nicht mehr da.
Kein Brennen. Kein Leuchten.
Kein Leben.
Die Lebensflamme ist verloschen...

GL *stellt die erloschene Kerze auf den Altar zurück.*

Lied: Wo sind die Toten? Strophe 1

Das Lied wird eingesungen (u. U. können einige Kinder/Klassen es bereits). Einsingen heißt: Die Melodie klingt auf den Instrumenten mehrmals vor. Man kann sie mitsummen. Dann hört man den Text, spricht ihn nach und fügt dann Text und Melodie im Nach- und Mitsingen vorsichtig zusammen.

Text und Melodie: Kurt Rommel

GL *führt mit den Kindern ein kurzes Gespräch zu der Frage: Was geschieht, wenn ein Mensch gestorben ist? ... Bei dir in der Familie? Die Kinder erzählen von eigenen Erfahrungen. Sind Grundbegriffe wie „Sarg", „Friedhof", „Beerdigung" o. ä. gefallen, dann:*

GL Ein Mensch, der gestorben ist, wird in einen Sarg gelegt, in eine Kiste aus Holz.
Dieser Sarg wird in die Erde hinabgesenkt und mit Erde bedeckt.
Und am Grab wird manchmal ein Gebet gesprochen:

> „Diesen Toten schütze Gott. Wir vertrauen ihn der Erde,
> daß er hier von aller Not ruh' und wieder Erde werde."

„Erde zu Erde, Asche zu Asche, Staub zu Staub."
So lautet ein altes Wort, das oft bei einer Beerdigung gesprochen wird. Wir können es auch singen!

Rufzeile (nach mehrmaligem Vorspielen der Melodie auf dem Metallophon oder anderen Instrumenten und nach Vorsprechen/Nachsprechen des Textes) mehrmals gesungen:

GL Wenn der Sarg mit Erde bedeckt ist, werden Blumen und Kränze auf das Grab gelegt. Dann wird es ganz still am Grab, im Grab. Und dann beginnt es ganz langsam, über Jahre hinweg: Der Sarg, der Mensch, wird wieder zu Erde...

Rufzeile (mehrmals gesungen)

Erde zu Erde, Asche zu Asche, Staub zu Staub...

GL „Ich möchte gar nicht an den Tod denken", hat einmal ein Kind gesagt. „Ich möchte nicht so im Sarg liegen und mich nicht mehr bewegen können. Ich möchte nicht nichts sein. Ich habe Angst vor dem Tod. Vielleicht ist der Tod ja auch nicht wirklich..."

Aber der Tod ist wirklich. Der Mensch stirbt. Jeder Mensch stirbt.

Lied: Wo sind die Toten? Strophe 2

2. Wo sind die Toten?
Wo sind die Toten?
In Grab und Dunkel gelegt,
wo sich kein Leben mehr regt.
Dort sind die Toten.

Text: Kurt Rommel

GL Und wenn jemand stirbt, dann trauern andere. Dann gibt es Leid, Schmerz, Weinen, Tränen. Und das ist gut so. Tränen dürfen fließen. Wir dürfen weinen. Das ist ganz natürlich. Um einen toten Menschen trauern, das ist sogar wichtig. Wir nehmen Abschied von ihm. Wir denken an ihn; wir erinnern uns an ihn, immer wieder. Noch ganz lange. In Gedanken sind wir bei ihm.
Wir besuchen das Grab dieses Menschen auf dem Friedhof. Hier ruht er in Frieden. Manche sagen: Er ist eingeschlafen. Der Tod ist wie ein Schlaf. Ein Kind hat gesagt: „Tod, das ist für immer einschlafen. Gott sorgt dann für einen!"

Viele aber sind beim Tod eines lieben Menschen untröstlich. Sie hören nicht auf zu weinen. Auch eine Mutter, deren einziger Sohn ganz plötzlich gestorben war, wollte sich nicht trösten lassen, von niemandem...
Diese Geschichte will ich euch jetzt erzählen...

Während der folgenden Erzählung spielen Metallophon und/oder die anderen Instrumente immer wieder zart die Melodie von „Erde zu Erde" sowie die identischen Anfangszeilen von „Wo sind die Toten?"/„Christ ist erstanden". Die Melodien können auch nebeneinander her (= miteinander korrespondierend) gespielt werden.

GL Wir sind in der Jesuszeit: Die Frau wohnt in einem kleinen Ort, in Nain. Sie hat einen Mann gehabt. Der ist gestorben. Sie ist eine Witwe. Sie hat einen einzigen Sohn. Den hat sie besonders lieb. Aber dann geschieht das Schreckliche. Auch dieser Sohn stirbt. Der Kummer der Mutter ist grenzenlos. Sie weint und weint.
Der tote Junge wird auf eine Bahre gelegt und mit Tüchern bedeckt. Und als die Träger die Bahre hinaustragen durch die Straßen von Nain, um ihn vor den Toren zu begraben, da gehen viele Menschen mit. Sie wollen die Mutter trösten.
Die aber weint und klagt. In Strömen fließen ihre Tränen. Ganz allein ist sie jetzt. Wer soll sie da noch trösten?
Jesus sieht den Trauerzug kommen. Er hört das Weinen der Frau. Er fühlt Mitleid. Er geht auf die Frau zu. Er sagt zu ihr: Weine nicht!

Rufzeile: Erde zu Erde (mehrmals gesungen)

GL Warum sagt Jesus das zu der Mutter: „Weine nicht"? Sie muß doch weinen. Es ist doch ihr lieber Sohn. Kann sie denn aufhören zu weinen?
Er ist tot – ihr Sohn. Er wird jetzt begraben.

Rufzeile: Erde zu Erde (nur noch einmal gesungen)

GL Jesus tritt an die Bahre. Er berührt sie. Die Träger bleiben stehen. Ganz still ist es. Jesus schaut den Jungen an. Alle schauen Jesus an: Was wird er tun?
„Steh auf!" sagt Jesus zu dem Toten.
Da richtet der Junge sich auf.
Er fängt an zu reden. Er lebt.
Jesus gibt ihn seiner Mutter. „Hier, nimm deinen Sohn."
Da weint die Mutter nicht mehr...

Lied: Wo sind die Toten? Strophe 3

3. Jesus weckt Tote.
Jesus weckt Tote.
Das haben wir alle gesehn.
In Nain ist es geschehn.
Jesus weckt Tote.

Text: Susanne Tönsmann

Die erste Zeile des Liedes wird jetzt mehrmals leise (gleichsam nachklingend) von den Instrumenten gespielt.

GL Habt ihr etwas gemerkt, Kinder? – Im Anfangsteil unserer Melodie ist ein anderer Liedanfang versteckt, der eines Osterliedes. Ob es jemand von euch herausfindet? ... Natürlich geht das nur, wenn man das andere Lied kennt.

GL *summt jetzt mehrmals die erste Zeile von „Christ ist erstanden". Wenn die Kinder den Text dazu nicht finden, singt GL die Zeile mit Text. Dabei geht er zum Altar und entzündet die Kerze wieder.*

Liedzeile „Christ ist erstanden von der Marter alle" von allen mehrfach gesungen, dann:

Lied: Wo sind die Toten? Strophe 4

4. Wo sind die Toten?
Wo sind die Toten?
Weil Jesus vom Tod auferstand,
sind sie in Gottes Hand.
Dort sind die Toten.

Text: Kurt Rommel

GL Jesus hat Tote nicht im Tod gelassen. Gott hat Jesus nicht im Tod gelassen. Das gibt uns Hoffnung: Gott ist stärker als der Tod... Weil Jesus vom Tod auferstand, sind auch wir in Gottes Hand.

Lied: Wo sind die Toten? Strophe 4 (Wiederholung)

GL Weil Jesus vom Tod auferstand, sind wir in Gottes Hand.
Wir wissen es nicht, wie es sein wird...
Kein Mensch ist je zurückgekommen und hat es uns gesagt.
Aber wir hoffen und glauben es:
Gott läßt uns nicht allein.
Gott hält uns in seiner Hand.
Gott ist mit uns im Leben – und im Tod.
Und darum können wir noch einmal singen:

Lied: Wo sind die Toten? Strophe 4 (Wiederholung)

GL Leben wir, so leben wir in Gott.
Sterben wir, so sterben wir in Gott.
Darum: Wir leben oder sterben:
Immer sind wir in Gott, in Gottes Hand.
Wir sind für Gott da. Gott ist für uns da (Römer 14,8).

So haben es Menschen zu allen Zeiten immer wieder erfahren und geglaubt.

Gebet

GL Herr, unser lieber Gott,
danke,
daß wir immer bei dir sein können –
im Leben
und auch im Tod.
Du nimmst uns in deine Hand.
Du bist bei uns.
Das glauben wir.
Herr, wir vertrauen auf dich.
Amen.

Liedzeilen, mehrfach nacheinander gesungen

GL *teilt die Kinder rasch in drei Gruppen auf:*

Gruppe 1: Wo sind die Toten? Wo sind die Toten?
Gruppe 2: Jesus weckt Tote. Jesus weckt Tote.
Gruppe 3: Christ ist erstanden. Christ ist erstanden.

dann abschließend Gruppe 1–3:

Wo sind die Toten?
Wo sind die Toten?
Weil Christus vom Tod auferstand,
sind sie in Gottes Hand.
Dort sind die Toten.

Segen

GL Unser Gott, der uns leben läßt,
unser Gott, der uns nicht allein läßt im Tod,
unser Gott, der uns liebhat,
der segne uns alle,
mich und dich.
Amen.

Schlußlied: Wo sind die Toten? Strophen 1–4 und neu Strophe 5

5. Gott schenkt uns Leben.
Gott schenkt uns Leben.
Er hilft uns aus aller Not.
Leben ist stärker als Tod.
Gott schenkt uns Leben.

Text: Susanne Tönsmann

Während die Kinder still hinausgehen, hört man von den Instrumenten (der Orgel) oder von Platte/Kassette wieder eine stille Musik.

Alle Kinder der Klassen 3 und 4 sind herzlich eingeladen zum Schulgottesdienst

Unser tägliches Brot gib uns heute

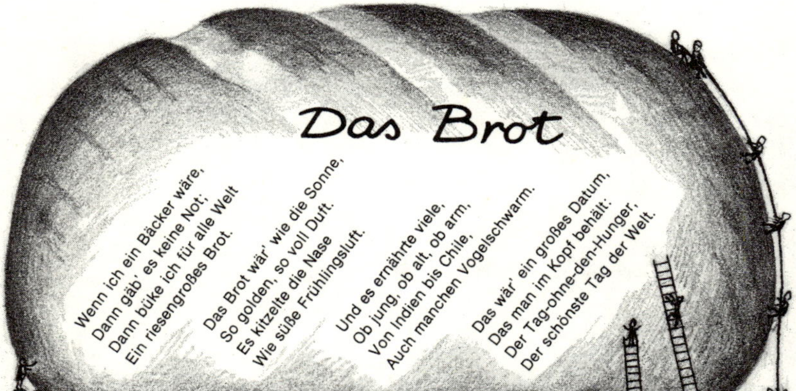

Thema: Brot für die Hungernden
Texte: Lukas 12,16–21: Vom reichen Kornbauern / Matthäus 25,35–36: Was ihr für die Armen tut, das tut ihr für mich
Leitlieder: Täglich Brot gib jedem, o mein Gott – Alle gute Gabe – Wir haben Brot genug zu essen
Meditative Mitte: Sprechertexte und Symbolhandlung „Brot für das hungernde Kind“
Anlaß: immer, besonders zu Erntedank
Vorbereitung: Ein ärmlich gekleidetes Kind (zerfetztes Gewand, alte Latschen) als Kind der Dritten Welt und ein normal gekleidetes Kind unserer Welt (Kind 3/Kind 4) sind auf ihre Dialogtexte vorbereitet. Zwei andere Kinder (Kind 1/Kind 2) haben Sprecheraufgaben übernommen.
Alle Kinder sind unterrichtet, daß in diesem Gottesdienst eine Kollekte eingesammelt wird. Dafür sind zwei große Pappdosen mit entsprechender Aufschrift gebastelt.

VERLAUF

Orgel (Instrumente) präludieren über das Eingangslied. Wenn alle Kinder sitzen, kommen Kind 1/Kind 2 in einer kleinen Prozession herein. Jedes Kind trägt ein Brot („Wagenrad“-Brot) bzw. einen Korb mit Brotstücken. Beide legen ihre Gaben auf den Altar, bleiben dann beiderseits des Altars stehen. Erst danach ziehen Kind 3/Kind 4 ein. Sie tragen die Spendendosen, legen diese ebenfalls auf den Altar und setzen sich dann beiderseits hin.

GL *bricht vor aller Augen das eine Brot (bzw. nimmt ein Stück aus einem Korb):*

GL Meine Mutter hat nie ein Brot angeschnitten,
ohne zuvor ein Gebet darüber gesprochen zu haben.

betet:

Danke, Gott, für dieses Brot.
Jeden Tag haben wir Brot. Wir haben satt zu essen.
Manchmal können wir gar nicht aufessen, was wir haben.
Manchmal werfen wir weg, was wir haben.
Andere Menschen haben wenig zu essen.
Viele haben fast gar nichts zu essen. Sie müssen hungern.
Manche Menschen verhungern. Auch Kinder.

Bitte, Gott, laß uns an diese Menschen denken,
daß wir abgeben und teilen,
damit der Hunger weniger wird in der Welt. Amen.

Eingangslied, mehrfach gesungen

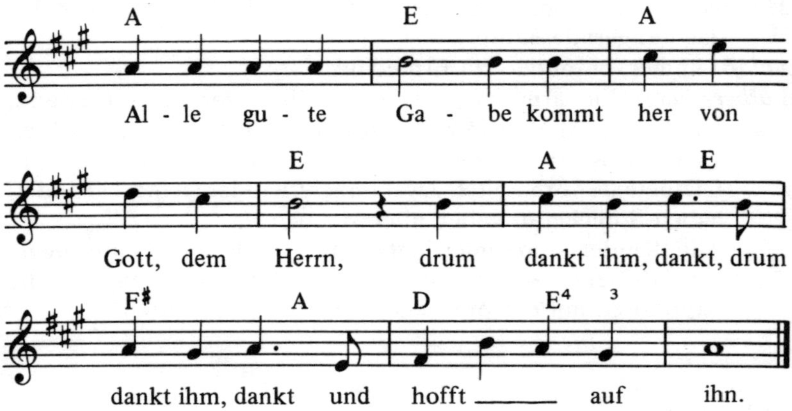

Text: Matthias Claudius
Melodie: Hannover 1800

GL **Begrüßung**

Liebe Kinder, wir feiern unseren Gottesdienst im Namen des Vaters, des Sohnes und des Heiligen Geistes. Über das Brot denken wir heute nach, wie es wird (wie es wächst), und über die Menschen denken wir nach, die kein Brot haben:
Soviel Hunger gibt es.
Soviel Schreien nach Brot in der Welt.
Soviele Menschen müssen sterben: Herr, gib ihnen doch zu essen.
Laß sie nicht verderben!
Menschen, die zu Jesus gehören, geben ab von ihrem Brot. Und sie danken Gott für das Brot. Und sie bitten ihn jeden Tag von neuem: „Unser tägliches Brot gib uns heute“.

Lied

Melodie: Spiritual
Textunterlegung: Dietrich Steinwede

Meditative Mitte I

GL Ein reicher Bauer hat gut geerntet, ganz besonders gut.
„Was soll ich nur machen mit all dem Korn?“ denkt er,
„ich habe doch soviel. Wie soll ich das alles nur unterbringen?“
„Ach“, sagt er zu sich selbst:
„Ich reiße einfach meine alten Scheunen ab und baue neue, die viel größer sind. Dann kann ich alles unterbringen.
Bis unter das Dach fülle ich meine Scheunen mit Korn.
Dann kann mir nichts mehr passieren.
Dann kann ich sagen: ‚O ja, ich habe wirklich genug!
Mehr als genug! Gut gemacht habe ich das:
Jetzt kann ich essen und trinken.
Jetzt kann ich’s mir gutgehen lassen.
Ich kann das Leben genießen. Jetzt bin ich für immer versorgt.
Ja, soviel ist übrig. Mir kann wirklich nichts passieren...‘!“
(Lukas 12,16–19)

Kind 1 In unserer Welt sterben jeden Tag 10000 Kinder, weil sie nichts zu essen hatten. Sie sind verhungert.

Kind 2 Beim Frühstück fragt der Vater die Mutter: „Warum ißt du dieses alte Stück Brot? Wir haben doch keine Hungersnot.“ Die Mutter sagt nichts. Da wird der Vater nachdenklich.

Kind 1 In unserer Welt sterben jeden Tag 10000 Kinder, weil sie nichts zu essen hatten. Sie sind verhungert.

Kind 2 Ein Kind wirft sein Schulbrot weg. Ein anderes Kind sagt: „Du hast Gott weggeworfen.“

Kind 1 In unserer Welt sterben jeden Tag 10000 Kinder, weil sie nichts zu essen hatten. Sie sind verhungert.

Kind 2 Es ist in Südamerika:
Auf dem Müllabladeplatz einer großen Stadt liegt ein Kind.
Es rührt sich nicht.
Fliegen kriechen in dicken Schwärmen über den kleinen Körper.
Das Kind ist ganz zerstochen.
Hunde stöbern nach Abfall. Sie beschnüffeln das Kind.
Dann lassen sie ab; es lebt ja noch, das Kind.
Schreien kann es nicht mehr.
Keiner hilft. Keiner schaut her. Warum auch.
Das Kind ist nicht viel besser als Müll.
Es gibt soviel Elend in der Stadt, soviele Elendsviertel.
Was ist da schon ein Kind...

Kind 1 Jedes Kind ist Gottes Kind!
Gott hat gesagt:
„Die ärmsten Kinder sind meine Kinder."
Jesus hat gesagt:
„Was ihr für die ärmsten Kinder tut, das tut ihr für mich.
Ich bin wie diese Kinder. Ich habe Hunger. Gebt mir zu essen!
Ich habe Durst. Gebt mir zu trinken!"

Die beiden Kinder setzen sich. (Im Schlußteil des Gottesdienstes haben sie noch einmal eine Aufgabe.)

Lied (Wiederholung)

Täglich Brot gib jedem, o mein Gott

GL Die Geschichte aus der Bibel vom reichen Bauern,
der viel und überviel und ganz unermeßlich viel Korn
in seine Scheunen sammelte, alles nur für sich,
diese Geschichte ist noch nicht zu Ende.
Gott spricht zu dem Bauern: „Du Dummkopf, du Narr,
noch heute nacht wirst du sterben.
Noch heute nacht bist du tot.
Und dann, was nützt dir dann all dein Korn, die Scheunen voll,
was nützt dir all dein Reichtum? Tot bist du, tot!
Und kein einziges Korn kann dir noch helfen!

Hättest du nur abgegeben von dem,
was dir so überreich zuteil wurde,

hättest du nur den Hungernden gegeben, den Armen,
du wärest reich bei Gott."
(Lukas 12,20–21)

Gebet

GL Gott, du hast uns genug zu essen gegeben.
Jeden Tag werden wir satt.
Wir haben keinen Hunger.
Wir essen und trinken.
Wir haben Kleider und Schuhe und ein Zuhause.
Und wenn wir krank sind, haben wir einen Arzt.

Andere Kinder in unserer Welt sind hungrig.
Sie haben nur Fetzen am Leib.
Niemand hilft ihnen.
Sie verkommen im Elend und im Schmutz.

Herr, unser Gott, hilf uns, offene Augen zu haben,
daß wir die Not der anderen sehen.
Herr, unser Gott, hilf uns, offene Herzen und Hände zu haben,
daß wir die Not der anderen lindern.
Amen.

Lied (Wiederholung)

Täglich Brot gib jedem, o mein Gott

Meditative Mitte II

Kind 3 und Kind 4 treten beiderseits des Altars auf.

Das hungrige Kind

Ich hätte gern ein Brot, ein großes, weißes Brot,
für mich allein, ganz frisch noch und warm,
mit brauner, knuspriger Kruste, ein Brot.
Die Zähne beißen zu. Die Zunge spürt den Geschmack.
Lange, lange will ich kauen,
dann schlucken, bis ich fühle,
wie es heilt, wie es besänftigt den gierigen Magen,
das Brot.

(Nach H. u. J. Karmel)

Das satte Kind

indem es ein Stück vom Altarbrot holt und in der Hand wägt – überlegend:

Brot in meiner Hand.
Ich kann etwas damit machen.
Ich kann es schneiden oder brechen...
Ich kann es essen...
Ich kann es vertrocknen lassen...
Ich kann es wegwerfen...
Ich kann „Danke" sagen dafür...

Das hungrige Kind

Weil ich großen Hunger hab, gibst du mir von dir was ab?

Das satte Kind

Ich kann es teilen, dies Brot.
Ich kann davon dem Kind geben, das Hunger hat...

dann zum hungrigen Kind:

Weil du großen Hunger hast, geb ich dir von mir was ab!

gibt dem hungrigen Kind das Stück Brot.
Das hungrige Kind ißt...

Liedzeile

(nach Einleitung durch Instrumente mehrfach gesungen)

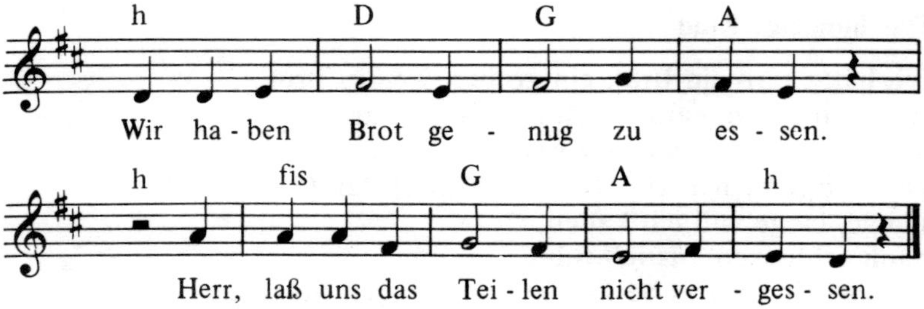

Text: Projektgruppe
Melodie: Dietrich Steinwede

Das hungrige Kind

zum satten Kind

Danke! Ich danke dir!
Du bist so freundlich zu mir.

Liedzeile

mehrfach gesungen

Wir haben Brot genug zu essen.
Herr, laß uns das *Danken* nicht vergessen.

Das hungrige (jetzt satte) Kind

Wenn ich ein Bäcker wär', dann gäb es keine Not;
dann büke ich für alle ein riesengroßes Brot.

Das Brot wär' wie die Sonne, so golden, so voll Duft.
Es kitzelte die Nase wie süße Frühlingsluft.

Und es ernährte viele, ob jung, ob alt, ob arm,
von Indien bis Chile, auch manchen Vogelschwarm.

Das wär ein großes Datum, das man im Kopf behält:
Der Tag-ohne-den-Hunger, der schönste Tag der Welt.

(Gianni Rodari)

Beide Kinder bleiben am Altar stehen.

Gebet

Wir danken dir, Gott, für das Brot, das wir jeden Tag haben.
Du bist freundlich. Du bist immer gut zu uns.
Es riecht so gut, das Brot. Es schmeckt so gut.
Wir brauchen das Brot zum Leben.

Bitte, Gott, gib denen, die kein Brot zu essen haben.
Gib ihnen durch uns.
Tägliches Brot gib allen!
Amen.

Lied (Wiederholung)

Täglich Brot gib jedem, o mein Gott

Segensbitte

GL Du, Herr, der du das Brot der Erde zu essen gibst,
du segne uns Kinder
und alle Kinder, die hungern müssen in der Welt.
Öffne uns die Augen,
öffne uns die Hände
für alle, die Hunger haben.
Amen.

Schlußlied

Wir haben Brot genug zu essen... (Strophen 1 und 2)

Aktion

Während eines Nachspiels von Orgel (Instrumenten) nehmen zunächst Kind 3/Kind 4 die Spendendosen vom Altar, ziehen damit aus, stellen sich beiderseits des Ausgangs auf, um die Gaben der Kinder einzusammeln. Nach ihnen ziehen Kind 1/Kind 2 mit den Brotkörben aus, um den übrigen Kindern beim Verlassen der Kirche Brot auszuteilen.

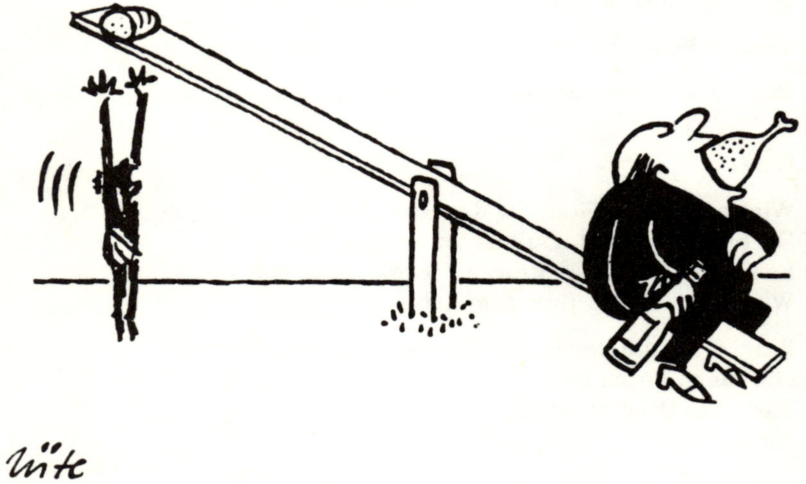

Diese Karikatur kann, auf Folie übertragen und über Overhead-Projektor projiziert, Hintergrundbild für den ganzen Gottesdienst sein.

Alle Kinder der Klassen 3 und 4 sind
herzlich eingeladen zum Schulgottesdienst
Wasser ist Segen – Wasser ist Leben

Thema: Lebendiges Wasser als Quell des Lebens
Texte: Johannes 4,4–14; Johannes 7,37–39; Offenbarung 21,6
Leitlieder: Wasser, gute Quelle – Wasser ist Segen
Leitmedien: Märchennacherzählung „Schawenis und das Wasser des Lebens"; Nacherzählung Johannes 4,4–14
Meditative Mitte: Hören der Texte, Reaktion, Symbolhandlung
Anlaß: immer
Vorbereitung: Auf dem Altar (oder Taufbecken) steht eine Kanne mit Wasser. Zuhanden sind bis zu ⅓ mit Wasser gefüllte Gläser (Zahl etwa ⅒ der teilnehmenden Kinder). Noch verborgen ist eine große mit Wasser gefüllte Schüssel (Wanne).
Die Lieder sind eingesungen (bzw. auf einem Liedblatt jedem Kind zugänglich). Neben GL ist eine Sprecherin/ein Sprecher (Kind oder Erwachsener) auf den Vortrag der Märchenerzählung eingestellt.

VERLAUF

Instrumentale Improvisation (Orgel/Gitarre/Orffinstrumente) über das Eingangslied

Eingangslied *Danke, für diesen guten Morgen…*

Der Gottesdienst soll fröhlich sein: Strophen 1–5, in: M.G. Schneider, Sieben Leben möcht ich haben, Kaufmann Verlag, Nr. 75.

GL Ich begrüße euch, liebe Kinder. Gleich möchte ich euch bitten, auf euren Plätzen ganz still zu werden und die Augen zu schließen.
GL *versetzt das Wasser in der großen Schüssel mit leichter Hand (!) in Bewegung, läßt es plätschern…*

Wer kennt das Geräusch? – Öffnet eure Augen!

Kinder reagieren u.a. vermutend auf „Wasser" hin.

GL Ja, Wasser! Du kannst das Wasser hören!
Es bewegt sich. Es ist ganz lebendig…

(u. U. Wiederholung des Vorgangs)

GL *fordert jetzt einige Kinder auf, nach vorn zu kommen und selbst das Wasser in der Schüssel vorsichtig plätschern zu lassen… Kinder handeln entsprechend. – Die anderen lauschen.*

GL Laßt uns beschreiben, wie das Wasser ist.

Die Kinder u. U.: Es ist kalt! – Es ist naß! – Es ist durchsichtig! – Man kann es trinken! – Es ist wertvoll! – Wir brauchen es zum Leben...

GL Du hast schon viel Schönes mit Wasser erlebt...

Kinder erzählen...

GL versucht dabei immer wieder die Gedanken auf die Schönheit und die Lebendigkeit des Wassers zu lenken.

GL *bringt anregende Beispiele:*

Mit dem Gartenschlauch spritzen – welch Vergnügen!
Im Schwimmbad: Springen, Wettschwimmen, Tauchen –
welch Vergnügen!
Unter der Dusche: Wasser läuft an meinem Körper herab, warm, kalt, welch Vergnügen. Welch schönes Gefühl...
Wasser kann soviel Freude bereiten!

GL *fordert einige Kinder vorn auf:*

Tauche deinen Finger in das Wasser!
Ganz vorsichtig.
Bewege deinen Finger...
Spüre das Wasser...

Jetzt nimm deinen Finger heraus!
Mach deine Stirn naß...
Kühle deine Schläfen...
Feuchte deine Lippen an...
Schmecke das Wasser an deinem Finger!

Kinder handeln entsprechend...

GL Wunderbar ist das Wasser. Soviel Gutes kann es tun.
Immer wollten die Menschen am Wasser wohnen.
Immer haben sie ihre Häuser am Wasser gebaut.
An einem Fluß, an einem Bach, an einer Quelle.
Ganz besonders gern an einer Quelle, die aus der Erde springt, ganz lebendig.
Eine Quelle murmelt, rieselt, plätschert – ganz geheimnisvoll.

Warum zieht es die Menschen immer wieder zum Wasser?

Kinder antworten...

GL Weil das Wasser lebensnotwendig ist für die Menschen.
Ohne Wasser kein Leben.
Der Mensch braucht das Wasser:
Es reinigt.
Es löscht den Durst.
Es läßt wachsen.
Es ist schön zum Plantschen.
Es trägt Schiffe.
Es treibt Turbinen für Strom.
Es besiegt das Feuer.
Vieles, vieles kann das Wasser.
Vor allem: Der Mensch besteht ja selbst aus Wasser.
Zu 80 Prozent! – Kaum zu glauben!

Lied

(wird mit allen Kindern eingesungen)

2. Wasser, liebe Welle,
   lauf und eile schnelle.
3. Wasser, milder Regen,
   bring uns allen Segen.
4. Wasser, Wasser, fließe,
   daß ich dich genieße.
5. Gott hat dich gegeben,
   Wasser, schenk uns Leben.

Text und Melodie: Dietrich Steinwede

Gebet

GL Gott, wir danken dir für das Wasser,
das du uns gibst.
Es sprudelt und fließt.
Es kommt als Regen auf uns herab.
Es löscht unseren Durst.
Wir können uns waschen. Wir können duschen und baden.
Wir können Blumen und Pflanzen begießen.

Der Bach fließt, der große Fluß.
Trockenes Land wird bewässert.
Uns allen hilft es zum Leben.
Danke, Gott, für das Wasser.
Amen.

Erzählung (durch Sprecher/Sprecherin)

Viele Menschen haben Geschichten mit dem Wasser erlebt. Eine will ich euch erzählen:

In einem Indianerdorf lebt ein wunderschönes Mädchen mit Namen Schawenis. Wunderbare Gewänder kann sie weben. Alle im Dorf sind begeistert davon.
Ein Gewand wird schöner als das andere. Alle Frauen im Dorf reißen sich um die Gewänder von Schawenis. Immer mehr Geld bieten sie dafür.
Das macht Schawenis hochmütig: „Ich bin die Schönste, und alle brauchen mich", denkt sie. Immer mehr wächst der Hochmut in ihrem Herzen. Sie wendet sich vom Guten ab.
Die jungen Männer im Dorf aber merken das nicht. Jeder möchte Schawenis, die schöne Weberin, von Herzen gern heiraten. Einer nach dem anderen macht ihr einen Antrag. Einer nach dem anderen bringt ihr ein schönes weißes Kleid, das er selbst gewebt hat, ein Hochzeitskleid.
Aber Schawenis weist sie alle ab: „Ich brauche eure Kleider nicht. Ich kann mir meine Kleider selbst weben."
„Du hast dich vom Guten abgewendet", sagen die alten Leute im Dorf kopfschüttelnd zu Schawenis. „Dein Herz ist voller Hochmut."
„Spart euch eure Reden!" ruft sie aufbrausend: „Wenn ich Lust habe, kann ich mir für mein Geld das ganze Dorf kaufen und euch alle davonjagen."
Ein junger Indianer aber ist von Schawenis' Schönheit so bezaubert, daß er trotz allem Tag und Nacht an einem wunderbaren Hochzeitskleid für sie webt. Als es fertig ist, geht er zu ihr. „Ich glaube an dein gutes Herz, Schawenis", sagt er, „und darum bringe ich dir mein Hochzeitsgeschenk. Es ist ein Zeichen meiner Liebe!"
„Pah, die Mühe kannst du dir sparen", ruft Schawenis: „Wer bist du schon!? Diesen Fetzen hätte ich selbst tausendmal besser gewebt. Ich habe an mir selbst genug. Schon ganz andere Männer als dich habe ich fortgejagt. Verschwinde!"

Wortlos geht der junge Mann fort... Die höhnische Rede des Mädchens hat ihn tief verletzt.
Bald darauf wird Schawenis schwer krank. Eine unerklärliche Müdigkeit ist über sie gekommen. Kein Glied vermag sie mehr zu rühren. Die Zunge liegt ihr wie Blei im Mund. Hilflos liegt sie da. Kein Arzt kann ihr helfen. Arme Schawenis. Ihr Gesicht ist verquollen, ihr Körper abgemagert – all ihre Schönheit ist dahin.
Auch der weise alte Mann, den die Eltern schließlich rufen, vermag ihr nicht zu helfen. Der junge Mann aber hat einen Traum: Er sieht, wie Schawenis stirbt. Und gleichzeitig sieht er in der Wüste im Verborgenen das Wasser des Lebens strömen. Und eine Stimme spricht zu ihm: „Nur deine Liebe kann Schawenis retten. Deine Liebe wird dich in der Wüste zur Quelle des Lebens führen. Nimm einen Krug. Hole Wasser aus dieser Quelle. Gib es Schawenis zu trinken. Nur deine Liebe ist ihr Leben."
Noch in derselben Nacht macht der junge Mann sich auf. Drei Tage lang irrt er in der Wüste umher. Nichts als glühende Sanddünen vor seinen Augen. Keine Spur von einer Quelle mit dem Wasser des Lebens.
Am dritten Tag fällt er vor Erschöpfung in den heißen Sand und schläft ein. Wieder kommt ein Traum über ihn. Er sieht die liebliche Schawenis, wie sie ihm ein Lied singt, das wie das Murmeln einer Quelle klingt...
Er erwacht. Das Murmeln der Quelle ist nicht fort. Er hört es noch immer. Woher kommt es...?
Plötzlich weiß er es: Unter der Erde ist die Quelle.
Mit bloßen Händen beginnt er zu graben, die Erde wegzuscharren. Er stößt auf einen großen Stein. Er gräbt den Stein heraus – da springt ihm plötzlich ein starker Wasserstrahl entgegen.
Das ist die Quelle des Lebens. Der junge Mann weiß es sofort. Er füllt seinen Krug mit Wasser aus dieser Quelle. So schnell er kann, eilt er ins Dorf zurück.
Schawenis liegt im Sterben... Sie hat auf den jungen Mann gewartet und gewartet... Jetzt hat sie keine Hoffnung mehr...
Doch der junge Mann setzt ihr den Krug mit dem Wasser des Lebens an die Lippen. Schawenis trinkt – und schon der erste Schluck gibt ihr die Kräfte zurück. Sie setzt sich auf. Mit einem liebevollen Lächeln dankt sie ihrem Retter.
„Ich habe dich lieb", sagt der junge Mann zu Schawenis.

(Christoph Nötzel – nach einem Indianermärchen)

Lied

Text und Melodie: Dietrich Steinwede

GL Wo Liebe ist zwischen Menschen, da kann lebendiges Wasser fließen. Nur weil er Schawenis so liebte, konnte der junge Mann Wasser des Lebens für sie finden.

Lied (Wiederholung)

Wasser ist Segen…

GL Wer mir vertraut, aus dessen Innerem wird die Quelle des lebendigen Wassers fließen (Johannes 7,38).

GL fragt die Kinder, wer dieses Wort gesprochen haben könnte (Antwort vermutlich: Jesus!).

GL Wer mir vertraut, aus dessen Innerem wird die Quelle des lebendigen Wassers fließen…

In der Bibel gibt es dazu eine Geschichte:

Biblische Erzählung

GL Jesus ist unterwegs in Samarien, im Land der Samaritaner.
Er will nach Galiläa. Jesus ist ein Jude.
Juden und Samaritaner mögen sich nicht. Sie reden nicht miteinander. Sie fassen sich nicht an. Niemals würde ein Jude einem Samaritaner etwas geben. Und umgekehrt. Am liebsten würden sie sich nicht einmal ansehen.
Jesus kommt zu einem Feld. Dort ist ein Brunnen, der Brunnen Jakobs.
Jakob, Vorvater von Juden und Samaritanern, hat diesen Brunnen einstmals gegraben.

Es ist sehr heiß, um die Mittagszeit. Jesus ist müde. Er setzt sich an den Rand des Brunnens. Er ruht sich aus. Tief unten rieselt das Wasser der Quelle, lebendiges Wasser.
Eine Frau kommt, eine Samaritanerin. Sie trägt einen Krug auf dem Kopf. Sie will zum Brunnen. Sie will Wasser holen. Sie kommt aus dem Dorf in der Nähe.
Jesus blickt ihr entgegen: „Gib mir zu trinken!" sagt er zu ihr.
Die Frau erschrickt: „Wie das? Du bist Jude, und ich bin eine Samaritanerin. Wie kannst du mich da um etwas zu trinken bitten?"
Jesus sagt: „Wenn du wüßtest, wer ich bin, dann würdest *du mich* um Wasser bitten, und ich würde dir lebendiges Wasser geben."
„Lebendiges Wasser fließt da unten im Brunnen", entgegnet die Frau. „Du hast ja nicht einmal einen Eimer, es heraufzuholen."
„Du verstehst mich nicht", sagt Jesus: „Wer von dem Wasser im Brunnen hier trinkt, der wird wieder Durst haben, wer aber von meinem Wasser trinkt, der wird niemals mehr Durst haben. Mein Wasser ist ein ganz anderes Wasser. Dieses Wasser kannst du nicht sehen, das sprudelt wie eine Quelle in dir, wie eine unsichtbare Quelle. Es ist die Liebe Gottes in dir. Die hört niemals auf. Sie setzt dich in Bewegung. Sie erfüllt dich ganz und gar. Wenn du mir vertraust, wenn die Liebe Gottes Eingang findet bei dir, dann beginnt diese Quelle in dir zu sprudeln, dann hast du Wasser zu trinken, das niemals mehr Durst macht.
Als die Frau das hört, da sagt sie:
„Herr, gib mir solches Wasser. Dann brauche ich ja nicht mehr herauszukommen zum Brunnen. Dann trinke ich ein einzigesmal, und ich habe nie wieder Durst."

Ob die Frau aus Samarien Jesus wirklich verstanden hat?

Äußerungen der Kinder, Reaktion von GL, dann

Gebet

GL Gott, deine Liebe gibt Wasser des Lebens.
Deine Liebe ist wie eine Quelle,
die nicht aufhört zu fließen.
Deine Liebe ist wie ein Wasser,
das niemals mehr dürsten läßt.
Gott, laß diese Quelle aufspringen in uns,
laß uns von diesem Wasser trinken.
Amen.

Lied: Wasser ist Segen, Strophe 2

Wasser ist Segen,
Wasser ist Leben.
Gott wird uns
Wasser des Lebens geben.

Symbolhandlung

GL *gießt aus der Kanne Wasser in eins der bereitgestellten Gläser, fordert etwa jedes 10. Kind auf, nach vorne zu kommen, gibt einem Kind dieser Gruppe aus dem Glas zu trinken: „Ich gebe dir dies Wasser in Freundlichkeit und Liebe. Ich gebe dir Wasser des Lebens zu trinken ...“*
Das Kind trinkt, gibt das Glas in der Gruppe weiter. Jedes Kind nimmt, trinkt und reicht weiter mit den Worten: „Ich gebe dir Wasser des Lebens zu trinken ...“
Haben alle Kinder getrunken, füllt GL für jedes Kind dieser Gruppe ein Glas und bittet, dies Glas den übrigen Kindern (für Gruppen von je etwa 10) zum Weiterreichen zu bringen: „Ich gebe dir Wasser des Lebens zu trinken ...“
So können alle Kinder nehmen und geben. Doch muß nicht jedes Kind trinken.
Nach Beendigung des Vorgangs werden die Gläser zurückgebracht.

GL Die Liebe Gottes in uns kann wie eine sprudelnde Quelle sein...

Gebet

GL Gott, wir wünschen uns Wasser von dir,
das niemals mehr durstig macht.
Gib uns solches Wasser. Gib uns deine Liebe. Amen.

Segen

GL Der Herr gebe dir immer zu trinken,
vom Wasser des Lebens.
Damit du immer anderen zu trinken geben kannst
vom Wasser des Lebens.
Der Herr segne dich.
Amen.

Schlußlied

Wasser ist Leben, Wasser ist Segen, Strophen 1–2

Alle Kinder der Klassen 1–4 sind
herzlich eingeladen zum Schulgottesdienst
Viel Glück und viel Segen

Thema: An Gottes Segen ist alles gelegen
Text: Markus 1,30–31: Die segensvolle Heilung der Schwiegermutter des Petrus
Leitlieder: Viel Glück und viel Segen – Heile, heile Segen – Segne und behüte
Leitmedien: Erzählung Markus 1; Segens-Karten
Meditative Mitte: Heilung = Segen; Segenswünsche für andere
Anlaß: immer
Vorbereitung: Zettel in Postkartengröße liegen für jedes Kind bereit. Ebenso Stifte. Arrangements für meditative Musik sind getroffen.

VERLAUF

Eingangslied

4st. Kanon, überliefert

GL Über „Segen" wollen wir heute miteinander nachdenken, liebe Kinder. Vom Segen und vom Glück haben wir eben gesungen. „Viel Glück und viel Segen", das wünschen wir anderen Menschen, z. B. zum Geburtstag. Bei dem Wort „Segen" denken wir sicher auch an Gott. Von ihm erbitten wir Segen. In seinem Namen feiern wir diesen Gottesdienst.

Kanon (Wiederholung)

Viel Glück und viel Segen...

Meditative Mitte I

GL Segen, ja!
„Sich regen, bringt Segen“, heißt es. Das ist ein Sprichwort. Das hören wir manchmal. Es bedeutet: Wer sich dranhält, wer gut arbeitet, der bringt es auch zu etwas! Dem wird es gutgehen.
Also, Segen, Kinder, das hat damit zu tun, daß es einem gutgeht. Daß einer ein schönes Haus hat, ein Auto, daß einer mit einer Frau gesegnet ist und mit lieben Kindern. So sagt man wohl.
Und dann hört man auch dies: „Welch ein Segen!“ – „Welch ein Segen, daß Bernd endlich eine ‚Zwei‘ geschrieben hat.“ – „Welch ein Segen, daß Susanne versetzt worden ist.“ – „Welch ein Segen, daß es endlich Ferien gibt.“
Oder: „Es ist ein wahrer Segen, daß wir alle gesund sind.“ – „Es ist ein wahrer Segen, daß Vater nicht arbeitslos ist.“ – „Es ist ein wahrer Segen, daß wir Frieden haben.“
Ja, das ist wirklich ein wahrer Segen.

Wasser nach langer Trockenheit kann ein Segen sein.

Dazu hört eine kleine Geschichte aus einem Land, wo es nur wenig regnet...
Seit Wochen war kein Regen mehr gefallen. Die Kornhalme vertrockneten auf den Feldern. Die Weiden für das Vieh waren ganz gelb geworden. Da wurde die Gemeinde zu einem Bittgottesdienst um Regen eingeladen. Viele kamen – mittags um zwei, mitten in der glühenden Hitze. Auch ein kleiner Junge kam. Er hatte einen Regenschirm aufgespannt.
„Was willst du mit dem Schirm?“ fragte ihn der Kirchenälteste. „Wir beten doch für Regen...“

Verstehst du, was gemeint ist: Regen kann Segen bringen. Der kleine Junge hat mehr davon begriffen als so mancher Erwachsene. Er glaubt einfach daran. Er glaubt, daß Beten hilft.

Anderswo ist es umgekehrt: Da kann es zuviel regnen. Da sagen die Leute: „Welch ein Segen, wenn endlich wieder die Sonne schiene.“

Ja, so ist das...

Immer wieder sprechen wir vom Segen. Ganz besonders in unseren Gebeten. Zum Essen wird in manchen Familien gebetet:

> Komm, Herr Jesus, sei unser Gast
> und segne, was du uns bescheret hast.

Jesus soll uns das Essen segnen, daß wir Kraft gewinnen. Ja, „Ich segne dich“, das bedeutet: Du sollst voller Kraft sein, heil und gesund und stark. Und es soll dir gutgehen. Du sollst glücklich sein. Und du sollst heil sein, ganz heil, voll des Heils!

Manche Mütter singen es ihren kleinen Kindern:

Liedzeile

GL singt 2- bis 3mal:

GL Was meinen sie, die Mütter, wenn sie das singen? Nichts anderes als dies: Segen hat etwas mit Heilwerden zu tun. Wenn ihnen etwas wehtut, wenn sie krank sind, dann weinen die Kinder, dann kann das Singen vom Segen sie heilmachen, heilen. Daß sie getröstet sind. Daß sie den Schmerz nicht mehr spüren. Daß sie wissen: Die Mutter ist ja da.

Liedzeile (Wiederholung)

Heile, heile Segen...

GL Heilwerden, ja: Heilsalbe gibt es, Heilkräuter, Heilerde. Es gibt Ärzte, die heilen, aber auch Heilkraft, die von einem Menschen ausgeht, der gar kein studierter Arzt ist.
...

Biblischer Text als Erzählung

GL Das Lager ist hart. Die Frau ist alt.
Gerade hat sie sich stöhnend auf die andere Seite gewälzt,
weil die Hitze von außen und die Hitze von innen
unerträglich geworden sind,
da kommt er herein, Jesus, zusammen mit vier Freunden.
Ganz plötzlich ist er im Raum: „Was fehlt dir, Frau?"

Matt hebt sie die Lider, blinzelt ein wenig:
„Du, Herr?" – Leise kommt es von ihren Lippen.

Ihre Blicke treffen sich.
Ruhig, forschend schaut er sie an: „Was fehlt dir, Frau?"

„Herr, das Fieber! Es will nicht weichen.
Drei Wochen schon. Ich komme nicht wieder zu Kräften.
Tag und Nacht quält es mich.
Und alle Arbeit im Haus bleibt liegen."

„Werde gesund!"
Jesus läßt kein Auge von ihr, nimmt ihre Hand,
streicht sanft darüber...

Kraft geht von ihm aus.

Wie ein Strom ist das, wie ein Strom von Kraft.
Ganz neu geht es durch die alte Frau hindurch,
breitet sich aus über ihren Körper!
Sie richtet sich auf, kann plötzlich aufstehen.

Sie geht umher. Wie abgefallen ist das Fieber,
das sie so quälte, die Frau.

„Danke, Herr, danke!"

Jesus dreht sich um, will schon hinausgehen,
da ruft sie: „Bleibe hier, bleibe bei mir.
Ich will zu essen kochen. Bitte, bleibe hier!"

Da bleibt Jesus mit seinen Freunden.
Und sie essen. Und sie feiern ein Fest.

Wißt ihr, wer die alte Frau ist?
Sie ist die Schwiegermutter eines seiner Freunde.
Der Freund heißt Petrus.

(Markus 1, 30–31)

GL Kranksein, mir tut etwas weh. Ich muß im Bett liegen. Ich kann nicht zur Schule. Dabei möchte ich so gern gesund sein, heil. Spielen möchte ich, tollen... Wer von euch kennt das nicht!?

Heilwerden, Segen, die Schwiegermutter des Petrus hat es erfahren. Sie hätte singen können:

Heile, heile Segen,
das ist wie sanfter Regen:
Fieber ist wie weggebannt.
Jesus nimmt mich bei der Hand.

Lied

Alle singen diese Strophe.

GL So hätten auch die gelähmten Menschen singen können, die Jesus geheilt hat:

Heile, heile Segen,
ich kann mich frei bewegen:
Kranksein, das ist weg von mir.
Schaut nur, wie ich tanze hier.

Lied

Alle singen diese Strophe.

GL So hätten auch die Blinden singen können, die sehend wurden:

Heile, heile Segen,
Neues kann sich regen:
Ich sehe Menschen, Baum und Tier,
Gott, mein Gott, das kommt von dir.

Lied

Alle singen diese Strophe.

Meditative Mitte II

GL Das kommt von Jesus, von Gott, daß Menschen heil werden. Daß sie Segen erfahren von ihrem Herrn.
Wir können das auch untereinander tun. Wir können uns gegenseitig segnen, Segen geben, Segen schenken.

Jedes Kind erhält jetzt die vorbereitete Karte, schreibt in die Mitte dieser Karte den eigenen Namen. GL sammelt die Karten ein, dreht alle um, breitet sie auf dem Altar (dem Boden) aus.
Nacheinander kommt Kind für Kind nach vorn, wählt sich eine Karte, sieht sich den Namen an, sieht sich das Kind an, zu dem der Name gehört, denkt darüber nach, wie es diesem Kind bisher begegnet ist, und schreibt dann oben auf die freie Rückseite: „Viel Glück und viel Segen für...“ (Name der Vorderseite).
Darunter malt es ein Bild, das etwas darstellt, worüber sich das Kind, dem der Zettel gehört, vielleicht sehr freuen würde, wenn es das Dargestellte geschenkt bekäme (z. B. einen Hund, Freund/Freundin, gute sportliche Leistungen, Überwinden von Trauer...).
Unten auf das Bild schreibt das Kind: „Dieser Segen ist von...“ (der eigene Name).
Sind sie fertig, werden die Karten von den Kindern wieder auf den Altar (den Boden) gelegt. Der Name des jeweils anderen Kindes zeigt nach oben.
Meditative Musik wird gespielt (Instrumente/Platte).
Jedes Kind sucht sich jetzt seinen *Namenszettel – seinen Segen – heraus. Einige Kinder lesen vor.*
Danach Aufforderung durch GL, zu sagen, wie es einem mit seinem Segen geht. Ist ein Kind mit seinem Segen nicht zufrieden, sollte es sich jemand anderen suchen, den es um einen besseren Segen bitten kann.
In diesem kurzen Gespräch wird segensvolle Stimmung sich ausbreiten, wird jedes Kind mit seinem Segen schließlich zufrieden sein.

(nach Gerhard Struwe)

GL Heile, heile Segen, drei Tage Regen, drei Tage Sonnenschein, morgen wird es besser sein. – Gesegnet werden, das ist etwas Wunderbares. Ihr habt anderen Kindern einen Segen zugesprochen. Das ist schön. Dafür danke ich euch. – Jetzt wollen wir in einem Lied Gott um seinen Segen bitten:

Bittlied um den Segen

Segen

GL Ihr sollt gesegnet sein, Kinder.
Gott schaue euch an.
Gott behüte euch.
Gott gebe euch Licht.
Amen.

Segenshandeln der Kinder aneinander

GL Segnen, gesegnet werden, das ist etwas Schönes: Jemand legt mir die Hand (die Hände) auf den Kopf. Ich lege ihm die Hand (die Hände) auf den Kopf. Ganz ruhig: Jeder sagt zum anderen: „Ich segne dich!“
So haben immer wieder Menschen andere Menschen gesegnet. In der Zeit der Bibel. In unserer Zeit. Willst du das auch einmal probieren, das Kind rechts oder links von dir zu segnen, dich von ihm segnen zu lassen?
Probiere es! Ganz behutsam. Die Hand eine Weile liegenlassen. Leise sprechen: „Ich segne dich. Gott segnet dich. Amen.“

Die Kinder vollziehen diesen Segen aneinander.

Gebet

GL Gott, wir danken dir,
daß du uns deinen Segen gegeben hast.
Laß uns voller Kraft sein.
Laß uns Heil bringen für andere.

Schlußlied (Kanon)

Viel Glück und viel Segen…

Alle Kinder der Klassen 3 — 6 sind
herzlich eingeladen zum Schulgottesdienst
Seht mit meinen Augen

am 28. August 1990
in der Stephanuskirche

Thema: Auch Sehende können „blind“ sein
Text: Markus 10,46–52: Der blinde Bartimäus
Leitlieder: Siehst du den Mann am Weg dort stehen? – Wir waren blind
Leitmedium: Blatt mit Blindenschrift
Meditative Mitte: Imaginationsübung/Handlung: Hören wie ein Blinder, gehen wie ein Blinder. Leseübung: Lesen wie ein Blinder
Anlaß: immer
Vorbereitung: Kopiert sind für alle Kinder ein Blatt mit dem Blindenalphabet sowie ein Liedzettel mit dem Eingangslied und dem Leitlied. Ein Zeigestock als Blindenstab ist zur Hand. Einige Kinder (Lehrer) sind vorbereitet, alle Lieder auf dem Glockenspiel (Metallophon, Xylophon) vorklingen zu lassen. Vorbereitet ist auch eine Schreibfläche: Tafel oder Papierbahn an einer Wand. Auf dem Altar steht eine noch nicht entzündete große Kerze.

VERLAUF

Vorspiel (Orgel/Gitarre) zur Melodie des Eingangsliedes

Eingangslied

Die Kinder singen u. U. mit Hilfe beim Einsingen nach dem ausgeteilten Liedblatt.

2. Der Mann ist blind. Er kann nichts sehen.
   Er kann auch nicht zur Arbeit gehen.
   Arm und blind. Schau ihn an.
   Niemand hilft dem armen Mann.
3. An ihm vorbei die Leute laufen.
   Er kann sich nichts zu essen kaufen.
   Arm und blind. Schau ihn an.
   Niemand hilft dem armen Mann.
4. Der Mann schreit: „Jesus, ich will sehen!"
   Und so bleibt Jesus vor ihm stehen.
   Jesus hilft. Schau ihn an.
   Jesus hilft dem armen Mann.
5. Seht ihr den Mann am Weg dort stehen?
   Der blinde Mann kann wieder sehen.
   Nicht mehr blind! Schau ihn an,
   weil er wieder sehen kann.
6. Der Mann bleibt nicht am Weg mehr stehen.
   Er will mit Jesus weitergehen.
   Er war blind, arm und schwach,
   und jetzt folgt er Jesus nach.

Text: Rolf Krenzer
Melodie: Hans-Werner Clasen

GL Liebe Kinder, dieser Mann, von dem wir eben gesungen haben, das ist Bartimäus, der blinde Bettler von Jericho. Blinde mußten damals betteln, damals in der Zeit von Jesus. Wenn sie keine Familie hatten, hatten sie auch keine Hilfe. Auch Bartimäus brauchte Hilfe. Deshalb rief er nach Jesus.
Man hatte es dem blinden Bettler gesagt: „Jesus kommt da!" Und da hat er losgeschrien, laut: „Jesus, Herr, so hilf mir doch!" – Und ihr wißt, wie es weiterging...

Kinder erzählen; GL erinnert an das eben gesungene Lied, bestätigt Kinderaussagen.

GL Jesus *hat* Bartimäus geholfen. Jesus *hat* ihn sehend gemacht. Und da war Bartimäus froh und glücklich. Wenn Menschen sehend werden, das ist wirklich ein Grund zur Freude.
In dieser Freude wollen wir unseren Gottesdienst feiern. Und Gott, der Vater, der Sohn und der heilige Geist, soll mit uns sein. Amen.

Danke für diesen guten Morgen

Kanon

Psalm 43,3
Melodie: überliefert

Meditative Mitte

GL Blindsein, wie das ist, könnt ihr euch das vorstellen?
Alles nur dunkel ringsum, Tag und Nacht immer dunkel, kein Lichtstrahl, keine Farben, keine Blumen und Bäume, keine Sonne. Keine Menschen sehen, keine Tiere. Der blinde Bartimäus konnte auch nicht zur Arbeit gehen. Er konnte sich nichts zu essen kaufen. Damit ihr euch besser vorstellen könnt, wie das ist, blind zu sein, werden wir jetzt ganz still.

Übung 1

GL Schließe deine Augen. Lege deine Finger behutsam über deine Augen. Jetzt ist alles dunkel.
Werde still, ganz ruhig...
Da sind Geräusche... Ganz verschiedene Geräusche.
...
Sie sind lauter als sonst.
...
Vielleicht hörst du manches, was du sonst nicht hörst.

GL *nennt ein Geräusch, das er hört, dann ein anderes (ein Auto, ein Flugzeug, einen Vogel...).*

GL Wenn du dir die Dinge vorstellst, die Geräusche machen, versuchst du, wie ein Blinder zu sehen. Mit einem inneren Auge...
Du weißt ja, wie die Dinge in Wirklichkeit aussehen, die Dinge, von denen Geräusche ausgehen.
Ein Blinder weiß das nicht. Er kann es sich nur vorstellen: ein Flugzeug, ein Auto, einen Vogel, einen Menschen in seiner Nähe.

Übung 2

GL Jetzt versuchen wir zu gehen, wie ein Blinder geht.

Der Stab wird angeboten.

GL Wer will versuchen, die Augen zu, und dann mit dem Stab hier vorne herumgehen!

Kinder melden sich, versuchen es (zweimal, dreimal).

GL Wenn man geht, den Weg ertasten, daß man nirgendwo gegenstößt... Daß man nicht stürzt und sich wehtut... Ein Sehender kann sich das kaum vorstellen...

Übung 3

GL *Die Kinder werden aufgefordert, erneut die Augen zu schließen.*

GL Hört nun, wie ein Blinder hört:

Auf dem Glockenspiel (Metallophon, Xylophon) wird die Melodie des Leitliedes mehrfach gespielt:

GL Du hast eine Melodie gehört. Auch Blinde können Melodien hören. Sie können Vögel zwitschern hören. Sie können Menschen sprechen hören.
Versuche, die Melodie mitzusummen.

Die Melodie wird wieder (2–3mal) gespielt.

GL Jetzt öffne deine Augen.
Du hast versucht zu hören, wie ein blinder Mensch hört.

Aber du kannst ja sehen.
Ein Blinder kann sich die Dinge nur vorstellen. Er kann versuchen, sie mit seinem inneren Auge zu „sehen"...
Ihr habt etwas versucht. – Wie war das denn, wie ein Blinder zu sehen, mit dem inneren Auge zu sehen?

GL *führt mit den Kindern ein kurzes Gespräch über deren Eindrücke. Dann:*

GL Blinde Menschen können nicht nur mit dem inneren Auge sehen. Sie können auch lesen.
Es gibt eine Blindenschrift. Ein Franzose, der selbst blind war, hat sie erfunden. Er hieß Louis Braille. Er war Blindenlehrer. Es ist eine Schrift, die man fühlen kann, eine Fühl-Schrift. Du mußt dir die „Sechs" auf einem Würfel vorstellen. Und nun, daß in der Sechs einmal 2 Punkte hervorgehoben sind, einmal 3, einmal 4, einmal 5 Punkte. Wie ganz kleine Hügel treten sie auf dem Papier hervor. Und zwar immer in verschiedener Anordnung. Der Blinde geht mit dem Finger darüberhin. Er fühlt die kleinen Hügel und wie sie einander zugeordnet sind.
Louis Braille hat für jeden Buchstaben eine bestimmte Anordnung festgelegt. So kann ein Blinder, wenn er die verschiedenen Anordnungen für die 27 Buchstaben des Alphabets erlernt hat, Buchstabe für Buchstabe, Wort für Wort, Satz für Satz erfühlen! Mit seinen Fingern. Er kann fühlend lesen.

Die Blätter mit dem Blindenalphabet werden ausgeteilt.

GL Seht euch die Blätter an! Die schwarz gedruckten Punkte sind bei der richtigen Blindenschrift durch eine Maschine, die das kann, herausgedrückt, kleine Erhöhungen, es sind die Fühlpunkte...!

Ganze Bücher gibt es in Blindenschrift. Auch die Bibel.

Jetzt will ich einen Satz in Blindenschrift schreiben. Und ihr werdet ihn lesen:

GL *schreibt groß und deutlich auf die Tafel oder das Papierblatt an der Wand die nachfolgenden Wörter in Blindenschrift. Die Kinder suchen auf ihrem Blatt den jeweils richtigen Buchstaben und benennen ihn durch Zuruf:*

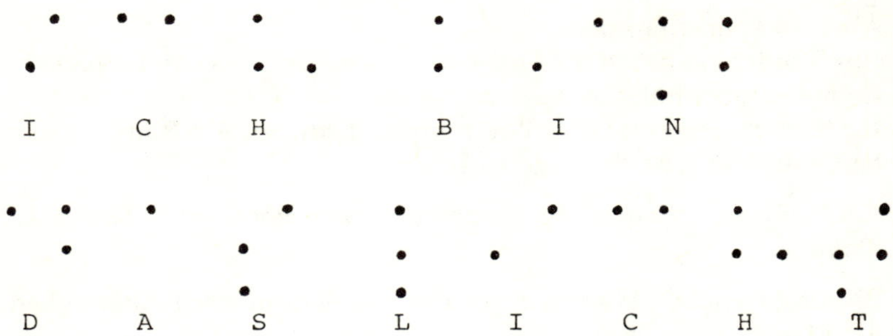

GL Jemand hat diesen Satz von sich gesagt. – Überlegt!

(vermutliche Antwort: Jesus)

GL *entzündet die Kerze auf dem Altar.*
Jesus will, daß es hell wird für alle, die im Dunkel sind.
Darum sagt er:
„Ich bringe euch Licht. – Ich selbst bin das Licht."
Jesus meint:
Manche sind im Dunkeln, weil sie Angst haben.
Manche sind im Dunkeln, weil sie Sorgen haben.
Manche sind im Dunkeln, weil sie böse Worte sagen,
weil sie sich streiten, weil sie lügen.
Manche sind im Dunkeln, weil sie arm sind,
weil sie nichts zu essen haben...

„Für diese alle bin ich das Licht", sagt Jesus.

Liedzeile

(mehrfach)

Psalm 27,1
auch als 3st. Kanon

GL Blinde Menschen können im Dunkel sein.
Aber sehende Menschen können auch „blind" sein.
Wie das?

Ich gebe euch Beispiele:
1. Du kannst etwas *über*sehen! Z.B. einen Fehler in der Hausarbeit. Du hast es einfach nicht gemerkt. Du warst wie blind dafür.
2. Ein Kind rempelt ein anderes Kind an. Es hat nicht aufgepaßt. Das andere Kind ruft: „Hast du Tomaten auf den Augen! Bist du blind?"

Aufforderung an die Kinder, eigene Beispiele zu nennen.

3. Ein Kind hat großen Kummer. Aber niemand merkt das. Keiner kümmert sich. Alle sind wie „blind" dafür.
4. Ein Kind hat schreckliche Angst, vom 3-m-Brett zu springen. Es zittert am ganzen Körper. Aber alle lachen. Alle machen sich lustig. Alle sind „blind" für die Angst dieses Kindes.
5. Ein Kind kann und kann die Aufgabe in Mathematik nicht lösen. Sie ist zu schwer. Aber keiner kommt und hilft. Niemand merkt das. Alle sind wie blind. Wir Sehenden sind wirklich oft „blind"!

Aufforderung an die Kinder, weitere Beispiele zu nennen...

GL Ich gebe euch noch ein Beispiel:
Jeder von euch weiß, daß es Vollmond gibt und Halbmond und Neumond. Manchmal siehst du den Mond voll und rund und schön. Manchmal siehst du eine Sichel. Aber auch dann weißt du: Es gibt den ganzen Mond. Der Liederdichter Matthias Claudius hat eine Strophe dazu erfunden. Darin nimmt er den Mond als Beispiel dafür, daß wir für viele Dinge immer wieder wie blind sind:

> Seht ihr den Mond dort stehen?:
> Er ist nur halb zu sehen
> und ist doch rund und schön.
> So sind wohl manche Sachen,
> die wir getrost belachen,
> weil unsre Augen sie nicht seh'n.

GL *singt diese Strophe (Strophe 3 von „Der Mond ist aufgegangen") oder läßt sie (mit Begleitung) singen.*

Ja, wir lachen über manches. Einfach so drauflos. Weil wir nichts sehen, weil wir nichts verstehen, weil wir „blind" sind!

Wir sehenden Menschen sind oft „blind".

Und die blinden Menschen!? – Sie können auch Sehende sein! Bartimäus, als er noch dasaß an der Straße, als er die Schritte der

Menschen hörte, ihre Stimmen, ihr Lachen, auch ihre bösen Worte, da hat er sich all diese Menschen vorgestellt mit seinem inneren Auge.

Auch Jesus hat er sich vorgestellt.
Er hatte Jesus ja schon „gesehen". Mit dem Herzen. Mit den Augen des Glaubens.

Und darum hat er losgeschrien: „Jesus, du bist von Gott, hilf mir doch! Hilfe! Hilfe! Hilf mir doch!"

Und Jesus hat das gemerkt.
„Du hast kein Augenlicht", hat er zu Bartimäus gesagt.
„Aber du kannst ja mit dem Herzen sehen.
Du hast Gott gesehen.
Du glaubst ja an Gott.
Du siehst mit den Augen des Glaubens!
Und darum bist du gerettet!

Und ich bringe Licht in dein Leben."

Liedzeile

(mehrfach)

Der Herr ist mein Heil und mein Licht...

Gebet

Lieber Gott,
wir danken dir, daß wir alle sehen können.
Du hast uns das Augenlicht geschenkt.
Wir möchten aber auch sehen lernen wie Bartimäus,
mit dem Herzen, mit den Augen des Glaubens.
Amen.

Lied

(einsingen!)

Text: Wilhelm Willms
Melodie: Dietrich Steinwede

GL Bartimäus sind die Augen aufgegangen, als er von Jesus hörte. Da glaubte er, daß Jesus ihm helfen könne. Da konnte er eigentlich schon „sehen", weil er mit dem Herzen sah.
Dann hat Jesus ihn geheilt. Und Bartimäus konnte Häuser, Bäume, Menschen und Blumen sehen. Und er sah Jesus. Und er wollte ihn nicht mehr aus den Augen verlieren. Deshalb ist er mit Jesus gegangen.
Unterwegs gab es viel zu sehen. Bartimäus behielt Augen für die Nöte der Menschen. Er versuchte, die Menschen so zu sehen, wie Jesus sie sah.

Lied

Wir waren blind (Wiederholung)

GL **Gebet**

Gott, laß uns die Augen aufgehen,
daß wir sehen,
wenn einer uns braucht.
Laß uns die Augen aufgehen,
daß wir dich sehen,
wie Bartimäus dich sah.
Amen.

Lied

Wir waren blind

(jetzt als 4st. Kanon gesungen)

Segen

GL Der Herr, der das Licht ist,
mache dich hell.

Er gebe dir sehende Augen.
Er lasse dich sehen mit den Augen des Herzens,
mit den Augen des Glaubens.
Er lasse dich ein Licht sein.
Der Herr segne dich.
Amen.

Schlußlied

Wir waren blind, wieder als 4st. Kanon gesungen, aber jetzt mit neuem Text:

Wir werden schauen
von Angesicht zu Angesicht.
Wir werden schauen
das Angesicht des Herrn.

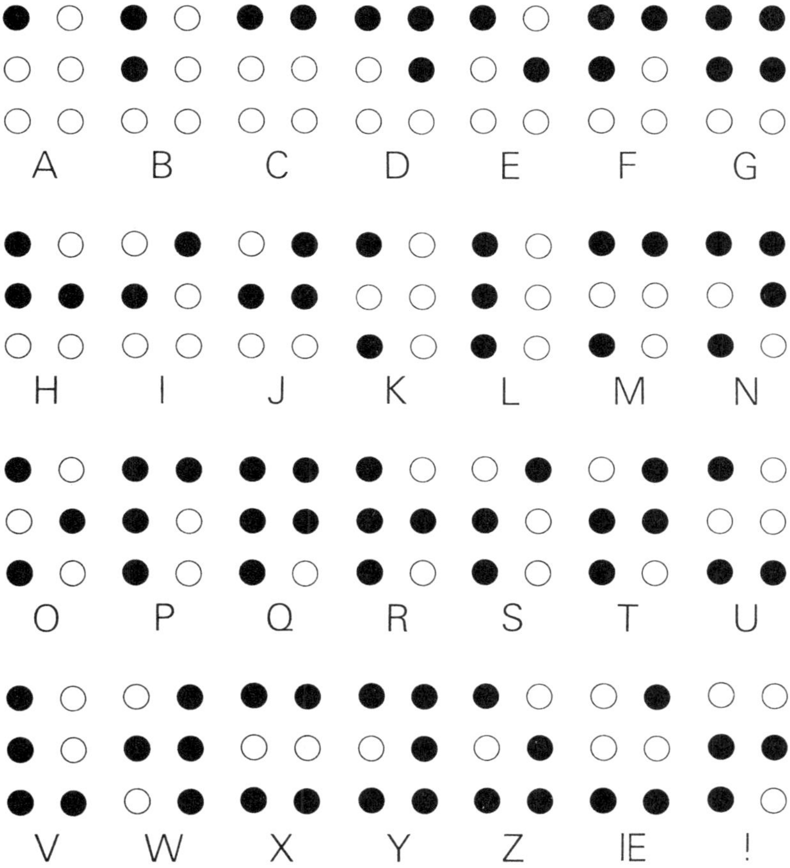
A B C D E F G
H I J K L M N
O P Q R S T U
V W X Y Z IE !

Alle Kinder der Klassen 1–4 sind
herzlich eingeladen zum Schulgottesdienst
Frieden – Glocken – Friedensglocken

Thema: Glocken rufen zum Frieden

Texte: Psalm 145,21: Mein Mund soll des Herrn Lob verkünden immer und ewiglich; Matthäus 5,9: Selig sind die, die Frieden unter die Menschen bringen.

Leitlied: Singt das Lied vom großen Frieden

Leitmedium: Zwei aus Pappe gebastelte, unterschiedlich große Glocken; die größere hat auf der Rückseite den Text Psalm 145,21 (oder einen Originaltext der Glocke vor Ort) als Inschrift sowie den Namen „Friede" (zusätzlich „Ich bin die große Friedensglocke"), die kleinere heißt Gloriosa.

Meditative Mitte: Erzählungen der Glocken (im Wechsel mit dem Leitlied) – Lesetexte vom Frieden

Anlaß: immer

Vorbereitung: Zwei Kinder (Erwachsene) haben sich auf die beiden Glockenrollen eingestellt: Vier andere (auch hier Erwachsene alternativ) haben sich auf die Friedens-Lesetexte vorbereitet. Wiederum andere Kinder haben die szenische Darstellung des Leitliedes schon ein wenig erprobt. Für das Leitlied ist ein Liedblatt abgezogen. Im Eingangsteil des Gottesdienstes wird eine Gitarre benötigt.

VERLAUF

Während die Kinder in die Kirche kommen, läuten die Glocken... In der einleitenden Musik klingt die Melodie des Leitliedes „Singt das Lied vom großen Frieden" auf...

Begrüßung

GL Liebe Kinder, ich freue mich, daß wir alle heute morgen hier so fröhlich zusammengekommen sind. Wir feiern unseren Schulgottesdienst im Namen des Vaters und des Sohnes und des Heiligen Geistes. Amen.

GL *führt unter dem Impuls „Wir wurden zu diesem Gottesdienst* gerufen" *(Kinder: „Durch die Glocken") einen Kurzdialog: Hat jemand von euch schon einmal eine Glocke von nahem gesehen?" – „Kannst du etwas über Glocken erzählen?"*
Dann:

Eingangskanon

Kanon 4st.
überliefert

Meditative Mitte I

Die große Glocke tritt auf.

Sprecher(in) 1:

Ich bin das Abbild einer Glocke. In Wirklichkeit hänge ich im Glockenstuhl oben in eurer Kirche. Ich bin zu euch gekommen, um euch etwas von mir zu erzählen. Schwer bin ich. Einen großen Bauch habe ich. Schwingen kann ich. Wenn ich in Bewegung gesetzt werde, dann schlägt der Klöppel in mir gegen meinen Bauch. Das gibt einen wunderbaren Ton. *(Die Gitarre schlägt einen Ton an.)* Und noch einen Ton. *(Gitarre!)* Zu singen beginne ich. Ich läute. Ich rufe. Ich rufe die Menschen, euch Kinder, in Gottes Haus. Kommt und singt:

Die Glocke beginnt zu schwingen, die Gitarre spielt mehrmals die Melodie des Kanons, GL summt mit, bald summen die Kinder mit, GL singt den Text:

Kanon 4st.
überliefert

Bald singen alle Kinder den Text, werden aufgefordert, aufzustehen, wie Glocken zu schwingen, schwingend im Kanon zu singen...

Sprecher(in) 1:

Weit geht mein Singen hinaus. Weit kann man mich hören. Fröhlich singe ich. Ich rufe zum Gottesdienst.
Und eine Schwester habe ich, die singt mit. Sie hängt neben mir im Glockenstuhl. „Gloriosa", „die Ruhmreiche", heißt sie *(vor Ort, wenn eine 2. Glocke da ist, den entsprechenden Namen einfügen).*

Sprecher(in) 2 (kleine Glocke) tritt auf, beginnt zu schwingen; GL singt den Kanon etwas schneller, leichter, fordert die Kinder wieder auf, (im Kanon!) mitzusingen:

Sprecher(in) 2:

Ja, ich singe oft mit meiner großen Schwester zusammen, manchmal morgens – da sitzt ihr noch am Frühstückstisch oder liegt gar noch im Bett –, manchmal mittags, manchmal nachmittags, manchmal abends. Am Sonntag laden wir beide zum Gottesdienst ein. Dann kommen Menschen in die Kirche. Vielleicht auch ihr. Dann sind wir froh: Bimbam, Bimbam...

Wieder wird zum Schwingen beider Glocken der Kanon gesungen.

Sprecher(in) 1:

Ja, der Gottesdienst am Sonntag. Das ist so wie jetzt hier mit euch: Es wird gesungen, erzählt, und es wird gebetet. Bei einem Gebet darf ich mitsprechen.

GL *spricht das „Vaterunser". Die Kinder beten mit (entsprechende Aufforderung). Die Bet-Glocke der Kirche ertönt; die große Glocke schwingt langsam mit.*

Sprecher(in) 1:

Habt ihr's gehört? Ganz ruhig habe ich gesungen. Alle, die mich draußen hörten, die wußten Bescheid: Jetzt singt die Bet-Glocke. Jetzt wird das „Vaterunser" gebetet.

Manchmal, wenn jemand in der Gemeinde gestorben ist und zu Grabe getragen wird, dann bin ich traurig. Dann ist meine Stimme ganz dunkel...: Bimbam, Bimbam... Dann rufe ich die Menschen: „Kommt zusammen! Heute wird jemand beerdigt."

Der Kanon wird jetzt ganz ruhig (langsam) gesungen, die große Glocke schwingt mit.

Sprecher(in) 2:

Manchmal bringen Eltern ihr Kind zur Taufe. Dann bin ich an der Reihe. Dann singe ich hell und fröhlich.

Der Kanon wird jetzt wieder leicht und beschwingt gesungen, die kleine Glocke schwingt mit.

Sprecher(in) 1:

Ja, so ist das im Leben einer Glocke, immer ist etwas zu tun. Wir singen zu Weihnachten: Jesus wurde geboren. Wir läuten zu Ostern: Jesus blieb nicht im Tode. Zu allen großen Festen läuten wir. Manchmal auch, weil wir uns wünschen, daß die Menschen an den Frieden denken.
Ja, aufrütteln möchten wir sie dazu: „Frieden! Frieden! Macht doch endlich Frieden!"

GL *kündigt den neuen Text für den Kanon an, spricht ihn vor. Alle singen:*

Frieden – Frieden.
Frieden können wir erringen
durch Vergeben, Beten, Singen.
Frieden, Frieden.

Sprecher(in) 1:
zeigt den Kindern die Rückseite der Pappglocke:

Ich habe einen Namen: Schaut nur! – „Friede" heiße ich. Ich bin die Friedensglocke. Wenn ich läute, dann nur Frieden...

Kanon (Wiederholung)

Frieden, Frieden...

Sprecher(in) 1:

Ja, Frieden läute ich. Ich läute hier bei uns in Deutschland...
Wäre ich eine Friedensglocke in England, dann hieße ich „peace" (auch bei den Amerikanern hieße ich so). Wäre ich eine Friedensglocke in Frankreich, dann hieße ich „paix"; bei den alten Lateinern „pax"; in der Sowjetunion hieße ich „Mir". In allen Ländern läuten Friedensglocken, in allen Ländern der Welt.

Sprecher(in) 2:

Ihr habt es schon gehört: Ich heiße „Gloriosa", die „Ruhmreiche". Ich will den Ruhm Gottes verkünden. Ich bin eine Gottesglocke. Aber ich verkünde auch den Frieden, wie alle Glocken in der Welt. So bin ich eine Gottes-Friedens-Glocke.

Kinder, laßt mich etwas erzählen: Ich war einmal in großer Lebensgefahr, denn das Material, aus dem ich gegossen bin, hat sich auch für Kanonen geeignet. Eines Tages, es war im letzten Weltkrieg, kamen Männer mit Werkzeugen. Sie sahen nicht so aus, als ob sie mich läuten wollten. Im Gegenteil, sie wollten mich und meine beiden Schwestern für immer zum Schweigen bringen. Sie wollten uns vom Turm herabholen und einschmelzen. Aus unserem Metall sollten Kanonen gegossen werden. Mir hat der Atem gestockt.
So etwas hatte ich noch nie erlebt. Die Männer sind in den Turm gestiegen. Unsere dritte Schwester, es war „Angelica", „die Engelsgleiche", wurde abmontiert, vom Turm heruntergelassen und abtransportiert. Sie ist eingeschmolzen worden. Kanonen hat man aus ihr gegossen, Kanonen, die Granaten abschossen, um Menschen zu töten. Ich habe meine Schwester Angelica nie wiedergesehen.
Ich selbst war noch einmal davongekommen. Und auch meine große Schwester ist zum Glück nicht eingeschmolzen worden. Damals waren wir drei; jetzt sind wir noch zwei. Aber immer denke ich daran. Auch heutzutage ist es noch wenig friedlich in der Welt.

Sprecher(in) 1:

Ja, auch ich bin damals nicht mitgenommen worden. Aber ich denke immer wieder daran, wie schön es ist, Frieden zu haben und keinen Krieg. Darum singe ich mit jedem Ton: „Frieden, Frieden, Frieden...!" Und ich lobe Gott, der den Frieden unter den Menschen will. Lest es nur! *Noch einmal wird die Rückseite gezeigt:* „Mein Mund soll des Herrn Lob verkündigen immer und ewiglich" (Psalm 145,21). *(Bei anderer Inschrift abgewandelt!)*

Lied

Singt das Lied vom großen Frieden, Strophen 1–3 vom Liedblatt

Die Gitarre beginnt, wer kann, summt, singt mit...

Text: Johannes Thiele
Melodie: Ludger Edelkötter

2. Laßt uns neue Pläne schmieden
für die Friedenszeit.
Öffnet für den großen Wunsch
eure Herzen weit.

Spiel den Frieden, nicht den Krieg,
ihr sollt Freunde sein,
und holt die, die abseits stehen
in den Kreis hinein!

Refrain: Spiel den Frieden...

3. Nehmt euch an die Hände fest,
ihr seid nicht allein.
Wenn die Angst erst ist vorbei,
dann wird Friede sein.
Spiel den Frieden, nicht den Krieg,
ihr sollt Freunde sein,
und holt die, die abseits stehen
in den Kreis hinein!

Refrain: Spiel den Frieden...

Meditative Mitte II

Die vier Kinder treten mit ihren Textblättern vor:

Kind 1 Ich träume den Frieden...!
Kind 2 Ich schmiede neue Pläne für den Frieden!
Kind 3 Ich will solche, die abseits stehen,
in unseren Kreis hineinholen.
Kind 4 Ich will den Frieden spielen. Das ist eine sehr ernste Sache.

Kind 1 Ich wünsche mir,
daß Friede ist in unserem Haus,
Friede im Haus nebenan,
Friede unter friedlichen Nachbarn,
daß alles gedeihen kann (nach B. Brecht).
Kind 2 Ich wünsche mir,
daß der Frieden wächst, wie Rosen blühn,
so bunt, so schön, so still,
daß er bei uns zu Hause anfängt,
bei jedem, der ihn will (nach E. Rechlin).
Kind 3 Ich wünsche mir,
daß der Friede bei uns in der Schule anfängt.
Kind 4 Zwischen mir und dir...
Zwischen Kindern und Lehrern...

Kind 1 Ich träume den Frieden...
Kind 2 Ich denke dabei an Jesus...!
Kind 3 Wenn ich an Jesus denke,
dann spüre ich Gerechtigkeit,
Freude und Glück.
Kind 4 Doch ein wenig bin ich auch traurig.
Jesus wollte nur Frieden.
Aber andere Menschen töteten ihn,
nur weil er gerecht war.
Kind 1 Wenn ich an Jesus denke, fällt mir ein,
daß es nicht schön ist,
wenn man sich zankt.
Kind 2 Jesus hat gesagt:
„Selig sind die, die Frieden unter die Menschen bringen."
Kind 3 Jesus hat gesagt:
„Du sollst nicht töten!"
Kind 4 Jesus wollte alle glücklich machen.
Kind 1 Er ist ein sehr lieber Mensch gewesen.
Kind 2 Er wollte, daß ganz verschiedene Menschen dennoch freundlich zueinander sind.
Kind 3 Er hat die, die abseits standen, in seinen Kreis hineingeholt.
Kind 4 Ich bin für den Frieden, wie Jesus.

Lied

Singt das Lied vom großen Frieden, Strophen 1–3

aber jetzt szenisch:
Ein Teil der Vorbereitungsgruppe (mindestens 10 Kinder) kommt nach vorn, bildet einen Kreis. Andere Kinder (jeweils 2–3) stellen sich an drei verschiedenen Punkten außerhalb des Kreises auf (sie sind abseits Stehende, nehmen eine entsprechende Haltung ein).

Strophe 1:

Bei „Steckt das Licht der Hoffnung an" entzündet ein Kind aus der Gruppe der 10 auf dem Altar eine Kerze. Bei „Ihr sollt Freunde sein" geben alle im Kreis sich die Hand. Bei „Und hol die, die abseits stehen..." wird die erste Gruppe der Außenstehenden in den Kreis geholt (entsprechend Gruppe 2 und 3 bei den nächsten Strophen). Bei „Komm und reich mir deine Hand" werden auch die Hereingeholten noch einmal ausdrücklich mit Handschlag begrüßt.

Strophe 2 (entsprechend Strophe 1):

Bei „Öffnet für den großen Wunsch eure Herzen weit" machen alle Kinder von ihrem Herzen ausgehend mit den Händen/Armen weitausladende Öffnungsbewegungen.

Strophe 3 (entsprechend Strophen 1/2):

Bei „Nehmt euch an die Hände fest" halten sich alle voll Freundlichkeit (mit entsprechendem Blickkontakt!) an den Händen.

Danach gehen alle Kinder, die vorn agiert haben, an ihre Plätze zurück.

GL Wir träumen den Frieden:

Kind 1 Ich träume, daß alle Kanonen eingeschmolzen werden.
Daß man aus ihrem Metall Glocken gießt,
Glocken, die den Frieden verkünden.

Kind 2 Ich träume mit dem Propheten Jesaja aus dem Alten Testament, daß der Wolf das Lamm nicht mehr zerreißt,
daß der Panther neben der kleinen Ziege liegt und sie nicht tötet,
daß ein kleines Kind bei der giftigen Schlange spielt,
und es geschieht ihm nichts.

Kind 3 Ich träume mit einem Mädchen aus dem Libanon.
Dieses Mädchen kennt den Krieg,
das Morden, das Töten, das Sterben,
das Entsetzen der Menschen,
die Angst der Kinder, die keine Eltern mehr haben,
weil die im Krieg gestorben sind.

Kind 4 Dieses Mädchen hat etwas über seinen Farbenkasten
und sein Malen gesagt:
Mein Farbenkasten war gefüllt,
glänzend, leuchtend, mild,
mein Farbenkasten war gefüllt,
mit vielen Farben, sanft und wild.

Ich hatte kein Rot für das Blut von Verletzten,
kein Schwarz für das Leid von Verwaisten, Gehetzten,
kein Weiß für Gesichter von Toten, Entsetzten,
kein Gelb für den Sand, den die Kugeln zerfetzten.

Ich hatte Orange für Freudengetümmel,
ich hatte nur Grün für den blühenden Baum,

ich hatte mein Blau für unendliche Himmel,
ich hatte nur Rosa für Ruhe und Traum.

Ich saß und malte Frieden.

GL Kinder aus einem 4. Schuljahr haben ihre Träume aufgeschrieben; sie haben auch Bilder dazu gemalt:

Kind 1 Marina schreibt:
Ich malte ein Bild, darauf Menschen Hand in Hand spazierengehn.
Ich malte ein Bild, auf dem unsterbliche Bäume stehn...

Kind 2 Marina schreibt auch:
Ich malte ein Bild, wo ein großer Schacht war.
Da lagen zerbrochen Waffen aller Art...

Kind 3 Bianca schreibt:
Ich träumte von Tieren, klein und groß.
Und jedes Tier die Freiheit genoß.
Da kamen die Menschen und wollten Krieg.
Die Tiere aber behielten den Sieg.
Sie bekamen ihre Freiheit zurück.
Bis auf das letzte Stück!

Kind 4 Jacob schreibt:
Da war eine gute Kuh, die sagte zum Kriege: „Buh"!
Da war eine alte Frau, der ihr Hund machte „wau"!
Und dieser Hund,
der hatte einen großen Mund.
Da nahm er alle Waffen rein.
Und dann war da ein Friedensschwein.
Ein jeder tat 10 Pfennig rein.
Da war es später prall gefüllt.
Davon wurde ein Panzer-Schrottplatz enthüllt.

GL Wie diese Kinder könnt auch ihr, wenn ihr mögt, in euren Klassen etwas malen vom Frieden, etwas aufschreiben über den Frieden. Ihr könnt den Frieden mitträumen. Aber nicht nur das: Ihr könnt auch etwas tun...
Zum Beispiel: Aufhören, mit Kriegsspielzeug zu spielen!
Zum Beispiel: Nicht mehr herumballern!
Wer Krieg *spielt,* gewöhnt sich viel leichter an den richtigen Krieg. Aber das wollen wir nicht. Man darf sich nicht an den Krieg gewöhnen. Im Krieg werden Menschen von Menschen getötet. Das ist das Schlimmste, was es gibt.

Wir brauchen Frieden. Dafür können wir sehr viel tun. Aber wir können auch um den Frieden beten.
Wir wollen jetzt Gott um seinen Frieden bitten.

Kanon

Herr, gib uns deinen Frieden...

Gebet

GL Herr, gib uns doch Frieden, Frieden.
Laß die Staatsmänner, die Politiker, klug sein,
daß sie sich für den Frieden entscheiden.
Laß die Atombomben nicht zerplatzen über uns.
Laß uns nicht verbrennen in schrecklichem Feuer.
Laß uns leben. Bitte, Gott, laß uns leben.
Deine Welt ist so schön. Wir möchten leben.

Und laß deine Glocken den Frieden verkünden.
Weit hinaus sollen sie es singen: Friede! Friede!
Gott, laß auch jene Menschen das Singen der Glocken hören,
die in Sorgen sind, in Angst, die krank sind und einsam.
Laß sie getröstet sein.
Der Klang deiner Glocken ist so schön.
Gib, daß die armen und kranken und einsamen Menschen hören,
daß du für sie da bist und daß auch wir an sie denken.
Gott, bitte, laß Glocken nie wieder zu Kanonen gegossen werden,
laß uns bei ihrem Klang an den Frieden denken.

Wenn möglich, ertönen jetzt wieder die Glocken der Kirche. Alle Kinder lauschen still.

Segen

GL Gott segne euch, Kinder.
Gott segne die Stimmen seiner Glocken.
Gott segne die Botschaft, die sie hinaustragen ins Land.
Gott segne alle Armen, Kranken und Einsamen.
Gott segne alle, die den Frieden wünschen.
Amen.

Kanon (Wiederholung)

Frieden, Frieden, Frieden können wir erringen...

Beide Glocken treten dabei noch einmal auf.
Es können dazu auch einzelne Kinder nach vorn kommen, um die Glocken zu schwingen…

Segen

GL Der Herr sei mit euch.
Er gebe euch seinen Frieden,
einen Frieden, der mehr ist
als alles, was wir denken können.
Amen.

Schlußkanon

Nach einem Text aus „Menschenskinderkirchentage"
Melodie (4st. Kanon): Dietrich Steinwede

Bei der abschließenden Musik (vielleicht imitiert die Orgel den Klang der Glocken) und erneutem Läuten gehen die Kinder still hinaus. Sie können dabei als Festzeichen eine kleine gebastelte Glocke mit dem Kanon als Inschrift oder je nach Jahreszeit ein Schneeglöckchen, eine Osterglocke, ein Maiglöckchen oder eine Glockenblume erhalten.

Bild-, Lied- und Textnachweis

Seiten 10 / 70 / 83 und 110: Kinderzeichnungen.
Seite 19: Quelle unbekannt.
Seite 27: Patmos Bibel. Altes und Neues Testament, Düsseldorf [14]1988.
Seite 37: Ostern. Ein Sachbilderbuch von Dietrich Steinwede, Lahr und Düsseldorf [4]1987.
Seiten 47 und 130: Yvonne Hoppe, Steinfurt.
Seite 58: Quelle unbekannt.
Seite 92: Meine Welt, Nr. 39 / 27. September 1987, Gütersloher Verlagshaus Gerd Mohn.
Seite 100: Zeichnung von Günter Hagedorn, © Cilli Hagedorn-Benzler.
Seite 101: Karl-Joachim Twer, Atemholen. Krankheit leben, Düsseldorf 1984.
Seite 118: Josef Hegenbarth, Pinselzeichnungen zum Neuen Testament, Lahr 1960.

Seite 12: Text aus: „Was denkt die Maus am Donnerstag?“, Georg Bitter Verlag, Recklinghausen 1967; Melodie aus: „Singespaß“, Christophorus-Verlag, Freiburg / Verlag Ernst Kaufmann, Lahr.
Seite 13: aus: IMP 1015 „Bibl. Spiellieder zum Misereor-Hungertuch aus Haiti“. Alle Rechte beim Impulse-Musikverlag, Natorp 2, 4406 Drensteinfurt 1.
Seite 38f: aus: „9 × 11 neue Kinderlieder zur Bibel“, Christophorus-Verlag, Freiburg / Verlag Ernst Kaufmann, Lahr.
Seite 40: aus: IMP 1015 „Bibl. Spiellieder zum Misereor-Hungertuch aus Haiti“. Alle Rechte beim Impulse-Musikverlag, Natorp 2, 4406 Drensteinfurt 1.
Seite 48: Alle Rechte bei den Autoren.
Seite 60: aus MC: „Heut ist ein Tag, an dem ich singen kann“. Kopier- und Verlagsrechte im Menschenkinder Verlag, Am Hagen 5, 4400 Münster.
Seite 86: © Gustav Bosse Verlag, Regensburg.
Seiten 92 und 99: Gianni Rodari. Rechte für die deutsche Übersetzung: James Krüss.
Seite 119f: aus: Rolf Krenzer, Regenbogen bunt und schön, Verlag Ernst Kaufmann, Lahr / Kösel-Verlag, München.
Seite 136f: aus: IMP 1015 „Bibl. Spiellieder zum Misereor-Hungertuch aus Haiti“. Alle Rechte beim Impulse-Musikverlag, Natorp 2, 4406 Drensteinfurt 1.